SV

FRANK-WALTER STEINMEIER

Wir

Suhrkamp

Erste Auflage 2024
Originalausgabe
© Suhrkamp Verlag AG, Berlin, 2024
Alle Rechte vorbehalten. Wir behalten uns auch eine Nutzung des Werks
für Text und Data Mining im Sinne von § 44b UrhG vor.
Umschlaggestaltung: Rothfos & Gabler, Hamburg
Satz: Dörlemann Satz, Lemförde
Druck: CPI books GmbH, Leck
Printed in Germany
ISBN 978-3-518-43215-0

www.suhrkamp.de

INHALT

Die Möglichkeit, wir zu sagen   7

I. Wo wir stehen   15

II. Woher wir kommen   55

III. Wer wir sind – und sein können   115

DIE MÖGLICHKEIT, WIR ZU SAGEN

Wer sind wir? Diese Frage ist schwer zu beantworten. Wir können ihr nicht ausweichen und doch keine letztgültige Antwort auf sie geben. Schon als Individuen müssen wir in der Regel gründlich nachdenken und lange ausholen, um uns anderen zu erklären. Als politische Gemeinschaft, als Nation und Staat, wollen wir eine unüberschaubar große Zahl unterschiedlicher Lebensgeschichten in einem gemeinsamen Bild vereinen. Und mehr noch, nach sieben Jahrzehnten der immer engeren Verbindung mit unseren europäischen Nachbarn betrachten viele von uns sich nicht länger nur als Deutsche, sondern selbstverständlich zugleich als Europäer. Die Frage nach dem »Wir«, danach, wer wir sind und was uns als Bürgerinnen und Bürger oder als Menschen, die dauerhaft in diesem Land leben, gemeinsam ist, mag daher erst einmal Misstrauen wecken. Wer ist mit »wir« überhaupt gemeint und wer maßt sich an, darüber zu entscheiden?

Über jede autoritäre Festlegung einer nationalen Identität ist die Zeit hinweggegangen. Weder Götter und Offenbarungstexte, weder Patriarchen und Sittenwächter noch Ahnenforscher oder Identitätskonstrukteure können uns zu- oder vorschreiben, wer wir zu sein haben.

Zu unserem Glück, möchte man gleich hinzufügen. Aber noch immer gibt es politische Kräfte, die nationale Homogenität herbeiwünschen und sich davon die Lösung unserer Probleme versprechen. Einige unter ihnen wollen eine solche Homogenität sogar gewaltsam herstellen und Deutsche ausbürgern, die für sie nicht ins Bild passen. Gegen solche verfassungsfeindlichen Phantasmen stellt sich die Mehrheit der Bürgerinnen und Bürger.

Wenn es jemals so etwas gab wie eine geschlossene Herkunftsgemeinschaft, die Wesenszüge teilte und überlieferte und darauf ihre Institutionen gründete, wenn es jemals möglich war, schon *vor* jeder politischen Verständigung die religiöse, kulturelle, ethnische »Substanz« einer Gemeinschaft zu bestimmen, dann ist diese Epoche der Menschheitsgeschichte vorbei. Im 21. Jahrhundert existieren keine völlig homogenen Nationalstaaten mehr. Vermutlich hat es sie nie gegeben. Politischer Realismus führt uns zur Anerkennung der Tatsache, dass unsere Gesellschaft, wie andere Gesellschaften auch, durch die Vielfalt der Herkunftsgeschichten geprägt ist, durch verschiedene Bekenntnisse, Orientierungen, Lebensweisen. Verschiedenheit ist das Signum moderner Gesellschaften. Realismus kann uns also lehren, die Dinge so zu sehen, wie sie sind, und die Eigenheiten sowie die abweichenden Haltungen von anderen Menschen in unserer Nähe zu akzeptieren, solange sie sich friedlich äußern.

Es gibt aber noch einen viel wichtigeren Grund, diese Akzeptanz einzuüben. Wir nehmen die Freiheit, die zur Vielfalt führt, nicht einfach nur hin. Wir haben sie zum Grundstein unserer politischen Ordnung erklärt. Wir haben vor 75 Jahren das Grundgesetz beschlossen und die Freiheit zum Herzstück unserer Verfassung gemacht. Wir haben uns vor 35 Jahren von der SED-Diktatur befreit. Wir *wollen* in Freiheit leben. Wir wollen, dass alle Bürgerinnen und Bürger sich frei und gleichberechtigt entfalten und ihr Glück finden können. Solche, die in unsere politische Ordnung hineingeboren wurden, ganz genauso wie diejenigen, die in sie eingewandert, die in ihr heimisch, die durch die Wahl einer neuen Staatsangehörigkeit Deutsche geworden sind. Unsere Frage, wer wir sind, sollten wir also beherzt nach dem Leitstern demokratischer Freiheit zu beantworten versuchen, und das bedeutet, alle Deutschen haben ein Mitspracherecht, wenn wir sie diskutieren, verhandeln und klären.

Ich sage: »*Wir* haben vor 75 Jahren das Grundgesetz beschlossen«, obwohl weder ich selbst noch irgendein lebender Zeitgenosse im Konvent von Herrenchiemsee gesessen und im Parlamentarischen Rat debattiert hat. Es leben noch Zeugen, die heute Mitte neunzig sind und die am 14. August 1949 bei der ersten Bundestagswahl ihre Stimme abgegeben haben. Aber auch diese Erstwählerinnen und -wähler der Bundesrepublik sind es nicht allein, die sagen können: »Wir haben diese Republik begründet und errichtet.« Die Nachgeborenen der folgenden Jahrzehnte, die Eingewanderten, ob als Arbeitskräfte geworben oder als Kriegsflüchtlinge aufgenommen, ihre Kinder und Enkel, und diejenigen, die erst noch auf die Welt kommen, können sich diesem

Wir anschließen. Und natürlich erst recht all diejenigen unter uns, die in der DDR gelebt haben und dort ihren Alltag hatten, die vielen, die sich damals nach mehr Freiheit sehnten, die aus der Diktatur flohen, von ihr ausgebürgert wurden, alle, die gegen sie opponierten, die vor 35 Jahren in Plauen, in Leipzig, auf dem Berliner Alexanderplatz demonstrierten, alle, die den schweren Entschluss zur Ausreise fassten, in Ungarn, in Prag den Weg in die Freiheit suchten, alle, die in der wunderbaren Nacht des 9. November 1989 an der Bornholmer Straße die Mauer und damit die Diktatur der SED zum Einsturz brachten, alle, die nach der Wiedervereinigung Deutschlands am Neuanfang mitwirkten. Nicht nur einige wenige, sondern sie alle können sagen: »Wir haben die Freiheit errungen und die Gleichberechtigung aller zum Grundgesetz unserer Bundesrepublik gemacht.«

Vom Nachdenken darüber und vom Entschluss, in einem historisch-politischen Sinne »wir« sagen zu können, davon handeln die nachfolgenden Seiten. Was demografisch gegenwartsbezogen absurd erscheint, ist in einem politisch normativen Sinne sehr gut möglich und sogar erforderlich: Unser politisches »Wir« ist mehr als die nachzählbare Summe aller gegenwärtig in Deutschland lebenden Menschen. Zwar können nur wir Zeitgenossen heute Verantwortung tragen, entscheiden und handeln. Aber unsere Verpflichtung gilt nicht allein dem Jetzt. Als Bürgerinnen und Bürger einer politischen Gemeinschaft reisen wir in der Zeit. Wir bezeugen Auschwitz. Wir bekennen uns zum Neuanfang des Grundgesetzes und der Grundrechte als Antwort auf die beispiellosen Verbrechen des Nazi-Regimes. Wir wissen, was es bedeutet, die Demokratie in Deutschland nach dem Scheitern von Weimar endlich erreicht zu haben. Wir denken daran, dass wir nach zerstörerischen Kriegen den Frieden gewonnen haben, der uns in die Europäische Union geführt hat. Wir erinnern das Jahr 1989 und fühlen uns im Glück verbunden, die kommunistische Diktatur überwunden zu haben, ganz gleich, ob wir selbst dabei waren oder nicht, als die Mauer fiel. Wir blicken gemeinsam in die Zukunft, ob wir sie selbst erleben werden oder erst unsere Kinder. Kurzum, es ist möglich, »wir« zu sagen.

Ich habe diese Gedanken aus Anlass eines doppelten Jubiläums niedergeschrieben, des 75. Gründungsjahrs der Bundesrepublik und des 35. Jahrestags der friedlichen Revolution – im Bewusstsein also, dass wir in Ost und West schon bald die Hälfte des bisherigen Weges unserer Republik zusammen gegangen sind. Ein Staatsjubiläum allein wäre freilich ein sehr äußerlicher Grund, um nach unserem Selbstverständnis zu fragen. Es wäre Routine. Feierlich, würdig und zugleich erwartbar. Das Selbstlob einer in sich ruhenden Nation. Aber gerade die abgeklärte Selbstgewissheit, mit der wir noch vor einigen Jahren die Erfolgsgeschichte der Bundesrepublik Deutschland gefeiert haben, ist verschwunden. Es gibt also einen anderen, einen inneren Anstoß, den Blick auf die großen demokratischen Zäsuren von 1949 und 1989 zu werfen, denn unser Land begeht beide Jahrestage zweifellos in einer kritischen Zeit, in der es sich seiner selbst unsicher geworden ist. Einer Zeit, in der nun mehr als zwei Jahre Krieg in der Ukraine herrscht, in der grausamer Terrorismus und ein opferreicher Krieg im Nahen Osten auch uns herausfordern, Stellung zu beziehen. Einer Zeit, in der die liberale Demokratie, manchmal aggressiv, oft verlogen und von einigen Rechtspopulisten gar mit kalter Siegermiene angegriffen wird, die böse Erinnerungen wachruft. Einer Zeit, in der unser Wohlstandsmodell herausgefordert wird. Wann genau uns der Optimismus, der nach dem Kalten Krieg herrschte, entglitten ist, wann die Erschöpfung angesichts immer neuer Umbrüche überhandgenommen hat und warum die Zweifel gewachsen sind, lässt sich gar nicht so einfach bestimmen. Es gibt dafür nicht eine einzelne Ursache und keine einzelnen Urheber. Und der Trend betrifft nicht nur uns, wir beobachten ihn in allen westlichen Demokratien.

Von den Bundespräsidenten heißt es, Zuversicht sei ihre Amtspflicht. Das lädt bekanntermaßen zu Satire ein. Wohltemperierte präsidiale Worte werden als Gesundbeterei karikiert, besonders in kritischen Entscheidungsmomenten, in denen viel auf dem Spiel steht und die Zukunft im Nebel liegt. Denkt man jedoch eine Weile darüber nach, dann ist die Pflicht zur Zuversicht eine ehrenwerte Aufgabe. Keine politische Gemeinschaft kann ohne den »Mut zu hoffen« auskommen. Nach meinem Eindruck haben wir in unseren politischen Diskursen nicht gerade ein Übermaß an hoffnungsvollen Einschätzungen. Folgte man den Katastrophenrednern, müsste Deutschland ein Land im Abgrund sein. Tatsächlich aber ist Deutschland heute, anders als früher in der Geschichte, ein geachtetes Land, das zur Familie der liberalen Demokratien gehört. In internationalen Bündnissen und Organisationen steht es seinen Partnern bei, als Mitglied der Europäischen Union stärkt es die Gemeinschaft, seine Wirtschaft hat großen Wohlstand erreicht. Die Bundesrepublik ist ein Wissenschaftsstandort, von dem die erstaunlichsten Entwicklungen und Innovationen ausgehen. Und nicht zuletzt verfügen wir über einen Sozialstaat, der große Anstrengungen unternimmt, um Armut und Not zu bekämpfen. Dass der Bundespräsident in einer Zeit, in der Verzagtheit sich breitmacht, an die Stärken unseres Landes erinnert, ist nicht nur in Ordnung, es ist dringend nötig. Ich übernehme diese Aufgabe aus Überzeugung.

Ich wende mich eher an die Bürgerinnen und Bürger als an »die Parteien« und bekomme bisweilen Briefe, die anmahnen, es solle andersherum sein. Ich weiß, ich enttäusche manche, die sich vom Bundespräsidenten mehr Regierungs-, Parteien- und Parlamentsschelte erhoffen. Doch für pauschale Politikbeschimpfung bin ich nicht zu haben. Es hat sich etwas verändert in unserer Republik, die heute mit Extremismus und Demokratieverachtung konfrontiert ist. Deshalb geht es mir darum, Verständnis dafür zu vermitteln, wie unsere Demokratie funktioniert. Und in der aktuellen Lage sehe ich es auch als geboten, dass ich mich gegen maßlose Angriffe schützend vor die demokratischen Institutionen stelle. Ich spreche die Bürger nicht deshalb zuerst an, weil ich die politischen Parteien kritiklos betrachte, sondern, weil Bürgervernunft unsere Demokratie trägt.

Schaue ich auf mein eigenes politisches Leben zurück, erinnere ich mich, wie mehrfach der katastrophale Absturz unseres Landes heraufbeschworen wurde, bevor es dann kurz darauf hieß, uns stünden goldene Jahre bevor. Als vor zwei Jahrzehnten eine unerträglich hohe Arbeitslosigkeit die Bundesrepublik nicht nur wirtschaftlich und sozial, sondern auch mental bedrückte, waren wir sicherlich nicht in einer Verfassung, die bequeme Selbstzufriedenheit erlaubte. Im Gegenteil, Deutschland war beherrscht von Zweifeln und Abstiegsangst. Aber wir haben uns selbst überrascht und alle erforderlichen politischen Kräfte aufgeboten, um die Massenarbeitslosigkeit zu besiegen. Es gelang: Das Wachstum sprang an, wir gewannen Respekt im Ausland und Selbstbewusstsein im Inneren zurück. Es scheint, als hätten wir unsere Stärke erst richtig begriffen, als wir politisch zu handeln begonnen hatten. Wir erneuerten unsere Industrie und festigten den Sozialstaat. Als einige Jahre später die Finanzmärkte ausgehend von der Wall Street zusammenbrachen, war die Bundesrepublik stark genug, um den Schock abzuwehren, Arbeitsplätze zu schützen und Wohlstand zu bewahren.

Was in früheren Entscheidungssituationen unseres Landes galt, das gilt heute genauso. Wir müssen uns auch unangenehme Wahrheiten zumuten, wenn es besser werden soll. Das ist der erste Schritt. Der zweite Schritt ist die Besinnung auf die eigenen Stärken. Ich will beides beleuchten. Denn wir finden unseren Weg in die Zukunft nur bei Licht.

I. WO WIR STEHEN

Wo stehen wir heute? Wenn ich zurückdenke, war das Jahr 1989 ein Schlüsselerlebnis im politischen Leben meiner Generation. Die Ereignisse, die offenkundig keinem Geschichtsplan gehorchten, sondern das Werk von couragierten Menschen waren, die für freies Reisen, freie Wahlen und freie Meinungen auf die Straßen und Plätze gingen, kamen überraschend, schienen aber zugleich auf wunderbare Weise historisch folgerichtig. Für eine Generation, die, im Westen wie im Osten, einer Politik mit Waffen misstraute, die an den christlichen Friedensappell glaubte oder die Textzeile der DDR-Rockband Karat im Ohr hatte: »Uns hilft kein Gott, unsere Welt zu erhalten«, schien die gewaltlose Revolution eine tiefe Bestätigung ihrer Überzeugungen. Das Jahr 1989 hatte im Frühjahr zwar das brutale Blutvergießen auf dem Platz des Himmlischen Friedens in Peking gebracht. Die chinesische Kommunistische Partei hatte die Demokratiebewegung mit Panzern niedergewalzt. Doch in Europa lief es anders. Hier fand das Jahr ein unglaublich glückliches Ende, als am 9. November die fast dreißig Jahre lang unbezwingbare Mauer fiel, unter dem friedlichen, aber unwiderstehlichen Druck von Ostdeutschen, denen das wankende Regime Reisemöglichkeiten versprochen hatte und die sofort einfach mal rüber wollten, in den Westen. Auch China und andere Autokratien würden sich dem Sog dieser historischen Entwicklung nicht entziehen können, hieß es, wenn nicht aus politischer Überzeugung, dann aus wirtschaftlicher Notwendigkeit. Der amerikanische Politikwissenschaftler Francis Fukuyama verkürzte den Geist dieser Zeit auf die viel zitierte Formel vom »Ende der Geschichte«.

Das Glück des Jahres 1989 war für uns Deutsche so groß, dass auch die Erwartungen groß wurden. Ein stetiger Fortschritt offener Gesellschaften sollte mit dem wachsenden Wohlstand zugleich die Demokratie immer weiter verbreiten und tiefer verwurzeln. Und in der Tat begannen Jahre, in denen die Zahl der Demokratien wuchs und in denen Staaten unter Druck standen, die den Menschen die bürgerlichen und politischen Rechte verweigerten. In Südafrika kam im Februar 1990 Nelson Mandela frei. Mit der Charta von Paris bekannten sich die Staaten nahezu der gesamten nördlichen Hemisphäre zur Demokratie und zum Ende der Spaltung Europas in Ost und West. Aus der zerfallenden Sowjetunion lösten sich Russland, Litauen, Estland, Lettland und elf weitere Staaten, die ihre Unabhängigkeit erklärten, darunter im August 1991 die Ukraine. In Oslo verhandelten Emissäre der israelischen Regierung direkt mit der PLO. Die Einführung der Marktwirtschaft versprach in den postsozialistischen Gesellschaften neuen Wohlstand. Überall keimte Hoffnung, und alles schien auf dem richtigen Weg.

Die Wiedervereinigung Deutschlands kam schnell.

Für die große Mehrheit der Ostdeutschen war sie vor allem Wunsch und Hoffnung, was sie bei den ersten freien Volkskammerwahlen zum Ausdruck brachten. Mit dem umsichtigen Handeln des geistesgegenwärtigen Europäers Helmut Kohl und den beruhigenden Worten des lebensweisen Willy Brandt waren die Gespenster eines deutschen Nationalismus rasch verscheucht. Die deutsche Frage war in der europäischen Einigung, die unumkehrbar sein sollte, aufgehoben und beantwortet. Europa galt als Friedensmacht, stark nicht durch Waffen, sondern durch wirtschaftlichen Wohlstand und sozialen Zusammenhalt, geeint im Inneren, attraktiv nach außen und auf diese Weise ausgestattet mit »soft power«, um einen Begriff des US-amerikanischen Politikwissenschaftlers Joseph Nye zu verwenden. So dachten viele Deutsche.

Im Rückblick lässt sich über diese hochgespannten Erwartungen leicht spotten. Ich finde es besser, sich noch einmal bewusst zu machen, wie stark die damit verbundenen Emotionen waren. Man glaubte, an einem Wendepunkt der Geschichte zu stehen. Sicherlich, bereits in die Euphorie mischten sich Irritationen. Das gescheiterte Bemühen Gorbatschows, eine stabile postsowjetische Föderation zu etablieren, der Zweite Golfkrieg, der Bürger- und Sezessionskrieg im zerfallenden Jugoslawien, ethnische Säuberungen, der Genozid in Ruanda, islamistische Terroranschläge – das verheißene Ende der Geschichte fand nicht statt. In Deutschland erschütterten uns rechtsextremistische Ausschreitungen und Mordanschläge, Rostock-Lichtenhagen, Solingen und Mölln sind bis heute unvergessen. Im Osten wurden flächendeckend Betriebe geschlossen, die Menschen verloren ihre Jobs, ihren Alltag, ihre Gewissheiten, oft auch ihren familiären Zusammenhalt, weil viele auf der Suche nach Arbeit abwandern mussten. Der wirtschaftliche Aufbau gestaltete sich trotz großer Finanzhilfen zäher als erwartet. Die Begriffe »Jammerossi« und »Besserwessi« zogen in das politische Vokabular ein. Die »Mauer in den Köpfen« wurde beklagt. Ein jahrelanger, quälender Reformstreit begann. Und dennoch: Die Probleme hoben die demokratische Ordnung nicht aus den Angeln und konnten den Glauben an einen Fortschritt von Freiheit und Wohlstand nicht erschüttern. Die Orientierungsmarken blieben bestehen, außen- und innenpolitisch.

Die vielen Konflikte in Europa und in seiner Nachbarschaft änderten nichts daran, dass Deutschland weiter jenen Rückenwind genoss, der aus der friedlichen Revolution und der Einheit folgte. Globalisierung und Freihandel waren deutsche Stärken. Die europäische Einigung schritt voran, in Nord- und Osteuropa kamen neue Länder hinzu und vergrößerten den Binnenmarkt. Eine gemeinsame Währung entstand, die dem deutschen Export nutzte, und ein Raum ohne Grenzkontrollen im Inneren. Die europäische Einbettung und die internationale Vernetzung unserer Wirtschaft schufen stetig wachsenden Wohlstand. Es ist kaum übertrieben zu sagen: Die Deutschen empfanden sich als vorbildliche Kosmopoliten in einer Zeit, in der sich die Grenzen öffneten und sich die Internationalisierung von allem beschleunigte – der Güterströme, des Kapitals, der menschlichen Mobilität und der kulturellen Kommunikation.

Epochenbruch

Was am 24. Februar 2022 geschah, ist von anderer Qualität als die Konflikte, die wir bereits kannten. Zwar hatte Russland schon acht Jahre zuvor die Krim annektiert und den Konflikt im Donbass immer weiter geschürt – eine Eskalation, auf die wir mit einer Doppelstrategie reagierten: Härte und Abschreckung im Rahmen der Nato, Dialogbereitschaft im »Normandie-Format« zwischen der Ukraine, Russland, Frankreich und Deutschland. Ich habe damals als Außenminister an der Seite der Bundeskanzlerin an dem Nato-Gipfel in Wales teilgenommen. Zum ersten Mal verständigten sich alle Mitglieder des Bündnisses verbindlich auf das Ziel, zwei Prozent ihrer Wirtschaftsleistung für die Verteidigung aufzuwenden. Großer Applaus war für den Beschluss in Deutschland kaum zu gewinnen, aber er war aus meiner Sicht richtig und notwendig.

Und dennoch: Der am 24. Februar 2022 gegen die ganze Ukraine begonnene russische Angriffs- und Eroberungskrieg ist ein Epochenbruch. Die fürchterliche Gewalt dieser Aggression trifft zuallererst die Ukraine, aber auch wir Deutschen sind in besonderem Maße davon betroffen.

An diesem Tag hat Russland die Ukraine mit seinen

Panzerarmeen, seiner Luftwaffe und Marine überfallen, um die demokratisch gewählte Regierung in Kiew zu stürzen, die politische Unabhängigkeit der Ukrainerinnen und Ukrainer zu zerstören, sie erneut zu unterjochen und zu entwürdigen und sich große Teile des ukrainischen Territoriums einzuverleiben. Russland hat das Völkerrecht in eklatanter Weise verletzt, aber das zu sagen ist zu wenig. *Jedes* Recht der Ukrainerinnen und Ukrainer wird von Putin verachtet und mit nackter Gewalt beantwortet. Zivilisten waren vom ersten Tag an ganz gezielt und bewusst ausgesuchte Opfer. Folter, Mord, Vergewaltigung, Verschleppungen, Bombardements von Einkaufszentren, von Wohnvierteln in den Städten – alle diese Nachrichten sind unbestreitbar. Sie liegen offen zutage vor den Augen der Welt. Die Raketenangriffe auf Kirchen, Theater, Museen und historische Gebäude dokumentieren die Absicht, die ukrainische Kultur zu zerstören. Dieser Terror sollte den Verteidigungswillen der Menschen brechen. Auch wenn er mit einer schier unermesslichen ukrainischen Widerstandsleistung das Gegenteil bewirkt hat, so hat das Grauen seitdem doch nicht aufgehört und wird durch Russland mit der Wut darüber fortgeführt, dass es seine ursprünglichen Kriegsziele nicht erreichen konnte. Zu den Rückwirkungen gehört durchaus auch die moralische Katastrophe, in der sich die Russen wiederfinden. Der Krieg radikalisiert das Moskauer Unrechtsregime. Dieses verstrickt eine zum Teil fanatisierte, zum Teil paralysierte russische Gesellschaft in eine Schuld von historischen Ausmaßen.

Der 24. Februar ist ein Epochenbruch, denn er wendet sich gegen die Lehre des Zweiten Weltkrieges, dass kein zerstörerischer Angriffs- und Eroberungskrieg Europa mehr heimsuchen solle, gegen das Friedenswerk der Vereinten Nationen, gegen das Völkerrecht, gegen die europäische Friedensordnung, gegen alle Freiheitsbestrebungen und demokratischen Revolutionen des Jahres 1989. Ich denke, wir können sagen, dass sich der Angriff gegen alles richtet, was wir Deutschen seit 1945 aus unserer Geschichte gemacht haben. Auch deshalb wühlt er uns auf.

Diese Aggression berührt die Verantwortung für unsere eigene Geschichte, für einen verbrecherischen Angriffskrieg Hitlerdeutschlands, für den mörderischen Antisemitismus, den Wahn totaler Vernichtung und Barbarei, für 25 Millionen Tote allein unter den Völkern der Sowjetunion, darunter mindestens fünf Millionen Ukrainer. Ich erinnere mich an den 6. Oktober 2021, an dem der israelische Präsident Jitzchak Herzog und ich auf Einladung des ukrainischen Präsidenten Wolodymyr Selenskyj in Kiew des Massakers von Babyn Jar gedachten. Ich besuchte damals auch die kleine Stadt Korjukiwka in der Nordukraine, wo die SS 1943 innerhalb von zwei Tagen 6700 Männer, Frauen und Kinder ermordete, in der größten und brutalsten Strafaktion des Zweiten Weltkriegs. Und ich erinnere mich an meine Rückkehr nach Korjukiwka nur ein Jahr später, im Oktober 2022, nun in einen Ort, der unter russischen Angriffen stand und in dem ich die Gespräche mit dem Bürgermeister und mit Einwohnern im Luftschutzkeller führen musste.

Wir sind nicht allein aus allgemeiner Mitmenschlichkeit solidarisch mit der Ukraine. Wir sind es aus historischen und politischen Gründen, weil wir wissen, was das deutsche Unrechtsregime tat, als es das Recht der europäischen Völker mit Stiefeln trat.

Der Krieg gegen die Ukraine ist nicht die einzige Erschütterung durch grausame Gewalt geblieben, die uns in dieser Zeit beunruhigt. Während ich diese Sätze schreibe, stehe ich unter dem Eindruck vieler Gespräche mit Jitzchak Herzog, den ich seit Jahrzehnten kenne und dem ich mich so freundschaftlich verbunden fühle wie wenigen anderen Menschen in der Politik. Noch nie habe ich ihn so entsetzt erlebt wie nach dem 7. Oktober 2023. Ich habe die Bilder meines Besuches in dem zerstörten Kibbuz Be'eri vor Augen, wo unbeschreibliche Verbrechen begangen worden sind. Der Terrorkrieg, den die Hamas an diesem Tag aus dem Gazastreifen in den Süden Israels trug, war von kaum vorstellbarer Heimtücke und Grausamkeit. Schwer bewaffnete Killer drangen zu Tausenden nach Israel ein und machten Jagd auf Jüdinnen und Juden, zerrten Menschen aus ihren Autos, mordeten wahllos, gingen von Haus zu Haus, schossen auf Alte und Kinder, richteten ein Massaker an unter jungen Menschen, die auf einem Musikfestival feierten. Andere wurden unter entsetzlichster Todesangst gedemütigt, als Geiseln in den Gazastreifen verschleppt. Ich lese David Grossman, den Freund, der wie kaum ein anderer über Jahrzehnte die Verständigung mit den Palästinensern gesucht hat und der nun im bittersten Schmerz schreibt, in Gaza würden die Entführten »wie menschliches Konfekt unter den verschiedenen Terrororganisationen verteilt«.[1] Die Mörder inszenierten sich unerträglich obszön als »Kämpfer«, posierten für die Kameras und bejubelten ihren Blutrausch.

Der beispiellose Terrorüberfall hat einen monatelangen Krieg in Gaza ausgelöst. Dieser Krieg, den Israel gegen die Hamas führt, wird inzwischen von vielen Seiten kritisiert. Aber auch der schärfste Kritiker muss sich fragen: Was ist für Israel nach einem solchen Angriff, der mehr als 1200 Menschen das Leben genommen hat, anderes möglich, als mit militärischer Macht den Feind zu bekämpfen und die Infrastruktur auszuschalten, die den Mördern die Terrorwaffen in die Hand gegeben hat? Was ist für uns Deutsche anderes zu tun, als Israel, dem Staat, dem wir so nahe sind, dem unsere eigene politische Existenz nach Auschwitz so stark verbunden ist, zur Seite zu stehen? Wir sind nicht nur solidarisch mit einem Israel, das Opfer ist, sondern auch mit einem Israel, das sich wehrt. Das schließt für uns durchaus ein zu fordern: Zivilisten müssen im Krieg den größtmöglichen Schutz finden, das Völkerrecht muss eingehalten werden. Wir müssen unseren Einfluss geltend machen, damit ein Weg zur Ausübung des Selbstbestimmungsrechts der Palästinenser gefunden und die Zweistaaten-

---

[1] David Grossman, »Schwarzer Schabbat«, in: *Frankfurter Allgemeine Zeitung* (13. Oktober 2023), S. 11.

lösung Wirklichkeit werden kann. Und doch will ich daran erinnern: Wir müssen in unserem eigenen Land israelbezogenen Antisemitismus, der die politische Emanzipation der jüdischen Gemeinschaft in einem unabhängigen Staat zerstören will, zurückweisen.

Während ich mich eine Woche nach dem 7. Oktober auf einen Besuch in der Berliner Synagoge am Fraenkelufer vorbereitete, um bei denen zu sein, die besonders bedroht sind, rief die Hamas zu weltweiten Angriffen auf Juden und jüdische Einrichtungen auf. Jüdische Schulen, Gemeindehäuser und Synagogen werden von der Polizei gesichert, aber auch in Cafés, auf Straßen und öffentlichen Plätzen fühlen sich Jüdinnen und Juden bedroht, sobald ihre Identität erkennbar ist.

Das Echo, das der Terror und der Gazakrieg in Deutschland finden, geht für uns mit einer tiefen Beunruhigung einher. Wieder müssen wir uns fragen, ob jüdisches Leben in Deutschland wirklich geschützt ist und sich entfalten kann, ohne dass Juden Demütigungen oder gar Angriffe im öffentlichen Raum zu fürchten haben. Wieder stehen wir vor der Frage, ob Deutschland die Lehren aus dem Holocaust verinnerlicht hat und das »Nie wieder« nicht nur als Parole verkündet, sondern als politische und gesellschaftliche Realität verwirklicht. Es sind neue Zweifel daran entstanden, die uns keine Ruhe lassen. Wo wir mahnen, dem Antisemitismus in *jedem* Gewand, auch dem einer Vernichtungsdrohung gegen Israel, Einhalt zu gebieten, fühlen sich nun viele Menschen mit muslimischen oder arabischen Wurzeln kollektiv verdächtigt und angeprangert.

Auf die Forderung, zu der historischen Verantwortung Deutschlands und den Werten des Grundgesetzes zu stehen, folgt die verbitterte Antwort, dass Deutschlands Haltung einseitig sei. Hatten wir nicht gedacht, schon viel weiter zu sein, was unser gemeinsames Verständnis der Menschenrechte angeht?

Auf der Suche nach Sicherheit und Klarheit

Wir befinden uns in einer geopolitischen Zeitenwende, mit der nicht nur eine deutsche Regierung, nein, mit der wir als ganzes Land zurechtkommen müssen. Sie macht uns nun manches schwer, was uns zuvor geholfen hat. Der 24. Februar 2022 hat die ganze Welt in größere Unsicherheit gestürzt. Vom Freihandel und von einer regelbasierten Ordnung, nicht zuletzt von einem gewissen Vertrauen, dass Konflikte in der internationalen Politik durch Verhandlungen eingehegt werden können, haben wir Deutschen ebenso wie andere Länder profitiert. Heute scheinen sich wieder Blöcke und Einflusssphären auszubilden. Gegensätze vertiefen sich. Das betrifft die Systemkonkurrenz zwischen den USA und Europa einerseits, Russland und China andererseits, aber auch das gestiegene Misstrauen, das Länder im sogenannten globalen Süden wie Indien oder Südafrika dem Westen entgegenbringen.

Nachdem die Bundesrepublik nach 1989 rund drei Jahrzehnte lang mit dem Rückenwind der großen internationalen Entwicklungen rechnen konnte, konfrontiert uns der gegenwärtige Epochenbruch mit der Tatsache, dass wir im Gegenwind vorankommen müssen. So erlebe ich unser Land in diesen Zeiten: auf der Suche nach neuer Sicherheit und Klarheit.

Eine Erfahrung, die wir dabei nicht zu rasch vergessen sollten, ist die tiefe Verunsicherung durch die Coronakrise. Die Pandemie ist überwunden, aber sie hat deutliche Spuren hinterlassen. Der Schock, einer Seuche ausgeliefert gewesen zu sein, die in sehr kurzer Zeit Grenzen überschreitet und sich global ausbreitet, der in Deutschland Tausende, Zehntausende, nach aktuellem Stand 180000 Menschen zum Opfer gefallen sind, wirkt in der Gesellschaft fort. Und schien in den ersten Wochen der Pandemie das Vertrauen in den Staat, die Wissenschaft, die Berichterstattung zu steigen, so haben wir in den endlos scheinenden Monaten, die folgten, bis weit in die Mitte der Gesellschaft hinein Menschen verloren, die den Staat entweder als zu übergriffig oder aber als zu ohnmächtig erlebten. Der Streit über die notwendigen Maßnahmen zur Bekämpfung der Pandemie mit all den schmerzhaften Beschränkungen des öffentlichen Lebens, die Auseinandersetzung über eine allgemeine Impfpflicht, Familien, die sich alleingelassen, junge Menschen, die sich vergessen fühlten – all das hat Gräben aufgerissen, die noch nicht wieder überwunden sind. Eine ehrliche Aufarbeitung dieser Zeit steht noch aus. Wenn ich es in einem Satz zusammenfassen soll: Wir haben zwar die Gefahr eines Virus überstanden, aber die mentale und die wirtschaftliche Verunsicherung ist geblieben.

Derzeit bereiten vor allem die ökonomischen Aussichten den Menschen große Sorgen. Erst die Engpässe der Coronazeit, dann hat der schlagartige Preisanstieg für Energie die Teuerung getrieben. Nach langer Zeit sehr niedriger Werte hat die Bundesrepublik im Herbst 2022 eine der höchsten Inflationsraten ihrer Geschichte erlebt. Höhere Kosten für das Wohnen, für das Auto, auch für Nahrungsmittel und andere Güter des täglichen Bedarfs sind besonders spürbar. Das mindert die Kaufkraft, drückt die Reallöhne, zehrt an den Sparguthaben und an den Nerven sogar der Zuversichtlichsten.

Selbst unter den ansonsten robusten Managerinnen und Managern der deutschen Industrie hat die Nervosität zugenommen. Für Betriebe, die viel Energie brauchen, also »energieintensiv« genannt werden, für die deutsche Chemieindustrie, für die Hersteller von Stahl, Aluminium, Zement, Glas, Papier, sind die Preise für Strom oder Gas zu einer existenziellen Frage geworden. Investitionen werden verschoben oder abgesagt. Die ausländischen Direktinvestitionen in Deutschland sind in Einzelfällen spektakulär, gehen aber in der Summe zurück. Unserem Land geht es ökonomisch nicht gut. Im Jahr 2023 ist die Wirtschaft um 0,3 Prozent geschrumpft. In den vergangenen Jahren war die Lage regelmäßig besser als die schlechte Stimmung. Jetzt ist die Lage wirklich schwierig.

Der Staat hat viel getan, um die Bürgerinnen und Bürger gegen die wirtschaftlichen Lasten abzuschirmen, die sich aus den Krisen und Kriegen ergeben. Aber kaum war die Coronazeit mit ihren milliardenschweren Unterstützungspaketen und Rettungsschirmen überwunden, begann mit dem Krieg Russlands eine neue Ausnahmesituation. Wenn die Regierung eine Krise nach der anderen mit so außerordentlichen Maßnahmen bekämpfen muss, wie sie der Bürger allenfalls einmal in Jahrzehnten erwartet, dann ist die Verunsicherung und Beunruhigung darüber nicht überraschend. Die Politiker, die sich in diesen kritischen Situationen buchstäblich bis an den Rand der Erschöpfung dafür einsetzen, Einkommens- und Kaufkraftverluste der privaten Haushalte, Gewinneinbrüche der Unternehmen, Belastungen der Kommunen aufzufangen, machen einen Fehler, wenn sie nervös und ungehalten reagieren, wo ihnen statt Dankbarkeit die Frage begegnet: »Und wie lange soll das bitte noch gut gehen?«

Ich denke, wir sollten, statt solche Bürgerzweifel zu bagatellisieren, nach den Ursachen fragen, die sie haben entstehen lassen. Wir sollten ehrlich über unsere Situation und über die Handlungsmöglichkeiten der Politik sprechen. Es ist verständlich, wenn die Menschen sich um ihr Auskommen sorgen. Nicht jeder kann nachvollziehen, warum wir in dieser Lage sind, nicht wenige suchen jemanden, den sie dafür zur Rechenschaft ziehen können. Da die Ursachen der Schocks, die von außen kommen, nicht greifbar sind, irgendwie alle etablierten Parteien Schuld zu haben scheinen oder jedenfalls keine die Macht hat, das Problem abzustellen wie einen tropfenden Wasserhahn, wächst der Protest.

Wichtig ist, sich darüber klar zu werden, dass nicht allein begriffsstutzige oder böswillige Politiker schuld daran sind, dass Deutschland in einer veränderten Lage ist. Kein deutscher Politiker kann der Welt befehlen, sich gefälligst wieder zu unseren Gunsten zu drehen. Niemand im Deutschen Bundestag oder in der Bundesregierung hat es in der Hand, Wladimir Putin zur Beendigung des Krieges zu bewegen. Ein Krieg im Nahen Osten lässt sich nicht mit Manifesten in unseren Zeitungen und auch nicht auf deutschen Straßen und Schulhöfen lösen. Viele Entwicklungen tragen dazu bei, dass die Bundesrepublik im Gegenwind steht, ohne dass wir sie mit einem Willensakt beseitigen könnten.

An der Schwelle zum postfossilen Zeitalter

Wenn wir den Epochenbruch unserer Zeit besichtigen, gehört die Erderwärmung ins Zentrum des Bildes. Sie ist kein Phänomen, mit dem sich nur eine kleine Gruppe von Experten und Umweltpolitikern beschäftigen müsste. Der Klimawandel ist eine unheilvolle Drohung für jeden Einzelnen von uns, der auf der Erde sicher leben will. Dabei kommt diese Gefahr nicht von außen, sondern sie hat ihren Ursprung im Herzen unserer Lebensweise. Im Grunde genommen ist der Klimawandel eine tiefe Zivilisationskrise der Menschheit. Denn die Verarbeitung und das Verbrennen von Kohle, Erdöl und auch Erdgas war bislang eine zivilisationsstiftende Technologie des Industriezeitalters. Sie hat seit der Mitte des 19. Jahrhunderts eine – in langen historischen Linien betrachtet – schlagartige Verbesserung der Lebensverhältnisse für eine immer größere Zahl von Menschen ermöglicht. Mit ihrer Hilfe wurden Verfahren und Materialien erfunden, Zement, Metalle, Kunststoffe, die heute die Gestalt unserer Städte und den Charakter der Produkte unseres Alltags bestimmen. Die Nutzung fossiler Energieträger im großen Maßstab bedeutete sichere Wärme für Millionen Haushalte, sie hat die Mobilität zunächst zu Lande und zu Wasser beschleunigt, reisende Menschen dann in die Luft gehoben und Kontinente zusammenrücken lassen. Sie hat die Massenversorgung mit Elektrizität ermöglicht und alles, was an ihr hängt. Sie hat Wohlstand in die Arbeiterstuben gebracht, sie hat soziale Aufstiege erlaubt, die Klassengesellschaft durchlässig gemacht. Sie hat Länder im globalen Süden in die Lage versetzt, ihren Wohlstand dem von Europa und Nordamerika anzunähern. Dann aber – das ist die inzwischen unleugbare Konsequenz – hat diese Technologie durch Übernutzung der Ressourcen die Erde an den Rand des Kollapses geführt.

Wenn wir das Ziel der Klimaneutralität aus dieser Perspektive betrachten, wird uns die Dimension dessen klar, was wirklich von uns gefordert ist: die menschliche Zivilisation auf eine neue Energiebasis zu stellen. Genau das kennzeichnet die epochale Schwellenzeit, in der wir stehen und in der wir politische Entscheidungen von so großem Gewicht treffen müssen.

Anfangs hatten wir es bei Atomausstieg und Energiewende mit einer Handvoll Energieversorgungsunternehmen zu tun. Dann ging es um die neuen Investoren in Windkraft und Solar. Mit anderen Worten: Damals war vor allem die Produzentenseite von Wärme und Strom im Blick. Heute hingegen kommt die Verbraucherseite ins Spiel. Und das steigert die Zahl der Betroffenen immens. Es geht darum, mehr als 40 Millionen private Haushalte auf eine nachhaltige Wärmeversorgung, mehr als 43 Millionen privat genutzte Pkw auf Elektromobilität umzustellen. Drei bis vier Millionen Unternehmen und mehr als 11 000 größere und kleinere Kommunen sollen klimaneutral werden. Wenn in einer solchen Lage politische Maßnahmen nicht verstanden werden, nimmt die Kritik daran Formen einer Volksbewegung an.

Betriebe der Zement- oder der Stahlherstellung benötigen in ihren Prozessen Temperaturen von mehr als 1400, ja von mehr als 2000 Grad Celsius. Da bereitet der Verzicht auf fossile Energieträger wahrhaftig Kopfzerbrechen. Selbst wenn künftig mit Wasserstoff im Prinzip eine alternative Technologie einsatzbereit ist, stellen sich schwerwiegende Folgefragen: Wie sollen die Milliardeninvestitionen finanziert werden und zu welchen Preisen kann grüner Stahl dann an welche Kunden verkauft werden? Noch gut zwei Jahrzehnte, bis die Bundesrepublik klimaneutral sein will. Das Ziel ist fixiert. Aber wir müssen auch einen Weg finden, um es zu erreichen. Ganz offenkundig kein leichter. Sondern ein steiler, ein sehr anstrengender Weg.

Eine Gesellschaft im Krisenstress

In der Klimapolitik begegnet uns erneut ein Muster, wie wir es sowohl von der Coronapandemie als auch von dem russischen Angriffskrieg kennen. Während die Folgen und die Maßnahmen, die ergriffen werden müssen, Deutschland sehr konkret unter Druck setzen und die Bürger ganz unmittelbar belasten, sind die Ursachen der Probleme weit verzweigt und schwer zu fassen. Wem wollte man für den Klimawandel die Schuld geben? Wen kann man dafür politisch abstrafen? Man müsste sich gegen mehr als 200 Jahre Entwicklung der menschlichen Zivilisation wenden. Wer könnte in der Bundesregierung das Klimaproblem mit einem Schwertschlag durch den gordischen Knoten lösen? Niemand kann es. Stattdessen sind wir national wie international auf schwierige und komplizierte Verständigungsprozesse verwiesen, die nur langsam vorankommen.

Das ist die Realität. Aber den meisten genügt es nicht, auf diese Tatsache hingewiesen zu werden. Das klingt in ihren Ohren wie eine Ausrede. Die Unzufriedenheit wächst, und viele empfinden den Zustand als Zumutung. Populisten kennen diese Psychologie genau, nutzen sie aus und fordern dazu auf, sich bloß nicht mit den allzu fernen Ursachen aufzuhalten, sondern den »Systempolitiker« zu beschimpfen, auf den man mit dem Finger zeigen kann und der vielleicht das Beste aus der Lage zu machen versucht, aber in kurzer Frist keine Lösung der Probleme an ihrer Wurzel erreicht und keine Erleichterung verschaffen kann.

Auch bei der Flüchtlings- und Integrationspolitik sehen wir das Problem in ähnlicher Weise. Die Ursachen, die Menschen zur Flucht nötigen, können wir nicht einfach beseitigen. Sie zu bekämpfen, ist notwendig, aber auch schwer und langwierig. Als die britischen EU-Gegner in den Jahren 2015 und 2016 unter dem Slogan »Take back control« für den Brexit Kampagne machten, hatte Europa mit einer Flüchtlingsbewegung vor allem aus Syrien zu tun, die schnell zum politischen Topthema avancierte. Über die Fluchtrouten durch die Türkei, durch Griechenland, den Westbalkan, Bulgarien, Rumänien und Ungarn kamen in kurzer Zeit sehr viele Menschen. Aufnahmen von überfüllten Bahnhöfen, in denen die Flüchtlinge die Nacht verbrachten, Bilder, die lange Reihen von Menschen zeigten, die entlang von Autobahnen in Richtung Norden liefen, waren schockierend. Es gab in Europa Hilfsbereitschaft ebenso wie Furcht vor Überforderung.

Die britische Brexit-Kampagne arbeitete mit Fiktionen und versprach den Menschen Luftschlösser. Doch sie konnte eine knappe Mehrheit erreichen, weil sie an einem tatsächlichen politischen Bedürfnis ansetzte, das etwas mit der Demokratie zu tun hat: Bürgerinnen und Bürger wollen über ihre Geschicke selbst entscheiden und sich nicht von vermeintlich anonymen Kräften und fernen Mächten herumgeschubst fühlen.

Die Migration von Millionen von Menschen, die ihre von Armut und Unterversorgung, von politischer Unterdrückung, Kriegen und ökologischen Katastrophen wie Hitze und Dürren heimgesuchten Länder verlassen, gehört ganz sicher zu den größten humanitären Herausforderungen der heutigen Welt. Das britische Beispiel, als Konsequenz die EU zu verlassen, lädt nicht zur Nachahmung ein.

Auch Deutschland, das keine Mittelmeerküste und keine EU-Außengrenze hat, muss sich den politischen und den emotionalen Zumutungen der Migrationspolitik stellen. Wir sind mit dieser Herausforderung bislang nicht fertiggeworden. Sie beunruhigt unsere Gesellschaft wie wenige andere offene Probleme. Sei es der Albdruck des Gewissens, dass wir auf dem Mittelmeer unsere Menschlichkeit preisgeben würden, sei es die Befürchtung, die Kommunen könnten die Belastung einer hohen Zahl an Zufluchtsuchenden nicht mehr tragen. Die Lösung der Migrationsfrage kann nicht darin bestehen, jedem, der es auf irgendeinem Weg nach Europa schafft, die dauerhafte Aufnahme zu gewähren. Wir würden uns mit einem solchen maximalen Idealismus in der praktischen Aufnahmefähigkeit, aber auch in der Aufnahmebereitschaft überfordern. Zugleich sind wir aus guten historischen Gründen und in humanitärer Verantwortung, die wir nicht ignorieren wollen, rechtliche Verpflichtungen eingegangen, Menschen Schutz zu gewähren. In Wahrheit ringen wir um das richtige Maß an Humanität und Realismus bei der Aufnahme oder Abweisung, das verantwortungsbewusst nur irgendwo zwischen den Extremen liegen kann. Wir müssen deshalb runter von den Sockeln selbstgerechter Überheblichkeit, die es auf allen Seiten des Streits gibt. Wir brauchen pragmatisches Handeln mit dem Ziel, die bestmögliche Steuerung der Migration zu erreichen. Politik darf sich nicht allmächtig fühlen, aber auch nicht ohnmächtig zeigen. Ich frage mich manchmal, warum die demokratischen Parteien der politischen Mitte in diesem Verständnis nicht einen größeren Konsens finden. Es liegt doch auf der Hand, dass Extremisten daraus Kapital schlagen, wenn die Demokraten sich einer gemeinsamen Lösung verweigern.

Die Erregungsspirale

Ich habe von Brüchen und Transformationen gesprochen, die unser Land meistern muss. Wenn wir davon ausgehen, dass die moralische Geladenheit der öffentlichen Meinung etwas von der Intensität und Tiefe der gesellschaftlichen Belastungsproben spiegelt, so müssen wir doch zum Verständnis noch einen weiteren Faktor hinzunehmen: Das ist ohne Zweifel die Veränderung der Kommunikation. Zu sehr sind die Grenzen des Sagbaren zum Unsäglichen hin verschoben worden. In der politischen Sprache hat sich eine Verrohung festgesetzt, die sich triumphal als Unerschrockenheit gebärdet. Empörte reagieren doppelt empört auf den Vorwurf, sie würden sich von extremistischer Gesinnung im bürgerlichen Gewand anlocken lassen. Die Erregung schaukelt sich immer weiter auf. Paradoxerweise fühlen sich zur gleichen Zeit viele in der Vorstellung bestätigt, dass man nicht mehr seine Meinung sagen könne und für jedes offene Wort verdächtigt werde.

Oft bekomme ich als Bundespräsident Briefe von Bürgern (es sind fast ausschließlich Männer), die sich darüber beklagen, dass ihr Staatsoberhaupt sie angeblich von oben herab tadele und wie ein Anstandswächter beaufsichtige. Nun, dank einer neuen historischen Arbeit von Norbert Frei über die Bundespräsidenten und ihren Umgang mit der NS-Vergangenheit wissen wir, dass schon meine Vorgänger, angefangen mit Theodor Heuss, solche Briefe bekommen haben.[2] Es scheint in meinem Amt unvermeidlich zu sein. Auch ich werde nicht aufhören, unsere Gegenwart in die Geschichte einzuordnen und zu erklären, warum wir Deutschen der NS-Opfer gedenken und warum wir uns den Demokratieverächtern entgegenstellen müssen. Es gibt für niemanden von uns einen Dispens von der Verantwortung.

Doch ich will auch sagen, dass ich nicht tue, was wir alle nicht tun sollten, nämlich jeden aufgeregten Bürger, der die Regierung bei der Flüchtlingsaufnahme, für Coronamaßnahmen oder den Klimaschutz kritisiert, gleich als Verfassungsfeind abzustempeln. Ich möchte den Briefeschreibern und all den anderen Empörten mit einer Frage antworten: Wissen Sie zu unterscheiden zwischen der freien Opposition, die eine Notwendigkeit, eine Stärke der Demokratie ist, und

---

[2] Norbert Frei, *Im Namen der Deutschen. Die Bundespräsidenten und die NS-Vergangenheit*, München: C. H. Beck 2023.

der höhnischen Verächtlichmachung von Parteien und Parlamenten? Können Sie unterscheiden zwischen Ihrem Unmut über politische Entscheidungen und der Verleumdung der Bundesrepublik als »volksfremde Diktatur«? Können Sie Demonstrationen und Protest trennen von Aufrufen zu Hass und Gewalt sowie Angriffen auf Politiker? Können Sie anerkennen, dass bisherige Entscheidungen nach freien Wahlen in Parlamenten mit Mehrheit getroffen wurden und dass Sie selbst möglicherweise nicht einverstanden, aber in der Minderheit sind? Wenn Sie nach dem starken Mann rufen und er käme, sind Sie sicher, dass Sie noch Briefe schreiben dürften?

Zum Urteilsvermögen, das allen mündigen Bürgerinnen und Bürgern und damit allen Wählerinnen und Wählern zuzutrauen ist, gehört es, extremistische Kräfte zu erkennen, die den Schritt zur Verfassungsfeindschaft, zur Verhöhnung demokratischer Institutionen oder gar zur Befürwortung autokratischer Herrschaft gehen. Wer nicht zu ihnen gehören will, darf sie nicht wählen.

Wir erleben derzeit nicht mehr das, was die legendäre erste bundesrepublikanische Meinungsforscherin Elisabeth Noelle-Neumann einmal eine »Schweigespirale« nannte, sondern im Gegenteil eine immer lautere Erregungsspirale. Die meisten der erwähnten Zuschriften an mich werden heute als E-Mails gesendet. Der Ton der Bürgerpost hat sich über die Jahre verschärft. Nachdenklich argumentierende Texte mit echten Fragen nehmen ab. Polemiken, Sarkasmen, egozentrische Gefühlsausbrüche und Beschimpfungen nehmen zu, zuweilen jenseits der Grenze dessen, was noch als schriftliche Ausdrucksweise bezeichnet werden kann. Der Absender erwartet Antwort innerhalb von Stunden. Bleibt sie aus, folgt die nächste Kanonade mit Unflätigkeiten.

Wer immer Politik als Beruf oder auf kommunaler Ebene auch im Ehrenamt betreibt und in der Öffentlichkeit auftritt, kennt diese Entwicklung. Die meisten ertragen es, ohne öffentlich zu klagen, weil sie nicht noch mehr Attacken provozieren wollen. Einzelne bekannte Politiker haben einige für den Krawall notorische Kanäle verlassen. Aber wer wenig bekannt ist, will auf diese Plattformen nicht verzichten. Außerdem soll die Politik in der Demokratie ja den Weg zu den Menschen finden und keinen öffentlichen Raum den Demokratiefeinden überlassen. Viele junge Leute erreicht die Politik fast ausschließlich über die sozialen Medien. Das Internet hat die Kommunikationen beschleunigt. Nur noch ältere Jahrgänge oder nostalgische Liebhaber der Papierkorrespondenz kleben eine Briefmarke und gehen zum gelben Kasten an der Straßenecke. Die Allermeisten tippen die Nachricht in Sekunden oder Minuten, lassen dabei nicht selten den Affekt des Augenblicks raus und klicken ihn dem Politiker ins überlaufende Postfach. Der Aufwand ist gesunken, Reichweite und Sichtbarkeit der Kommunikation sind gewachsen. Denn über die sozialen Medien liest ein größeres Publikum nicht nur immer gleich mit, sondern fügt dem Kommentar weitere Kommentare hinzu.

Wo wird die öffentliche Sache, die Res publica, die uns alle angeht, heute eigentlich maßgeblich verhandelt? Wir haben im Vergleich zu anderen Ländern bedeutende Qualitätsmedien, wir haben eine größere Vielfalt bei Zeitungen und wir haben den öffentlich-rechtlichen Rundfunk. Ihre stabilisierende Rolle in der Demokratie werden sie aber nur ausfüllen können, wenn sie auf Dauer in Ton und Machart von den sozialen Medien unterscheidbar bleiben.

Elisabeth Noelle-Neumann ging vor vierzig Jahren noch von einer Medienwelt aus, in der angeblich einige wenige bestimmen, was öffentliche Meinung ist, und andere Einstellungen, oft die eigentliche Mehrheit, ins schamhafte Schweigen der Konformität abdrängen. Ich kann nicht sagen, ob diese Diagnose jemals zutraf. Ich weiß aber: Heute stellt sich die Situation vollkommen anders dar. Von Scham keine Spur mehr. Jede erdenkliche Invektive wird abgefeuert und findet Raum. Der Gesetzgeber hat reagiert, um wenigstens die härtesten Drohungen und Volksverhetzungen im Netz mit den Mitteln des Strafrechts ahnden zu können, genauer gesagt: das existierende Strafrecht auch im Netz anwenden und durchsetzen zu können. Jeder will heute Nonkonformist sein, und nur wenige machen sich klar, dass der Begriff dadurch seine Bedeutung verliert. Wo es gar keinen Konsens und keine gemeinschaftliche Willensbildung mehr gibt, verliert auch der sich widersetzende Individualismus seine konstruktive Kraft. In den

Wutwellen der digitalen Medien gibt es keine Helden der freien Rede mehr, nur Angreifer und Angegriffene, Attacke und Verletzung – zum Schaden der demokratischen Öffentlichkeit.

Dies ist alles andere als »virtuelle Realität«. Es *ist* die Realität. Wer im Netz für rechtlos erklärt wird, wird in seiner ganzen Person angegriffen. Brutale Worte und brutale Taten liegen nah beieinander. Was haben wir nicht alles für Schändlichkeiten gesehen! Ein Galgen im Garten, Hundekot im Briefkasten, Hetzaufkleber an Laternenpfählen, darauf Fotos von Lehrern, die Neonazi-Umtriebe an der Schule öffentlich gemacht haben, Feuer im Dachstuhl einer Kirche, deren Pfarrer sich für Minderheiten einsetzt, sogenannte »Querdenker«, die unter der Wohnung des Bürgermeisters Sprechchöre anstimmen, er solle rauskommen, was seine kleinen Kinder zu Tode erschrocken mit anhören; Vergewaltigungs- und Mordfantasien, Sexismus und Rassismus. Die Aufzählung ließe sich lange fortsetzen.

Unter diesem Psychoterror geben manche auf, treten als Bürgermeisterin, als Dezernent oder Stadtverordnete zurück, verlassen eine Partei, legen den Vereinsvorsitz nieder. Schlimmer: Noch mehr Menschen streben kommunale Ämter gar nicht erst an. Wer will sich den täglichen Hassmails aussetzen, während er seine Zeit aufwendet für die Zukunft seiner Stadt oder Gemeinde? Nicht jeder ist so robust, so unempfindlich, dass er es an sich abperlen lassen kann. Warum auch? Was da im Verborgenen an Abwendungen stattfindet, ist eine Gefährdung unserer Demokratie, die wir nicht unterschätzen dürfen. Die Demokratie des Grundgesetzes lebt aus den Wurzeln auf kommunaler Ebene. Verdorren diese Wurzeln, nehmen auch die anderen Ebenen Schaden.

Wir haben gesehen, wie hemmungslose Worte zu terroristischen Taten werden. Am 2. Juni 2024 jährt sich der Mord an Walter Lübcke zum fünften Mal. Walter Lübcke, lange Zeit Landtagsabgeordneter in Hessen und noch einmal so lange Regierungspräsident von Kassel, der sich für die Aufnahme von Flüchtlingen starkmachte, wurde von einem Rechtsextremisten auf der Veranda seines Wohnhauses erschossen. Ein politischer Mord in Deutschland, dem mörderische Hetze in den sozialen Medien vorangegangen war. Was können wir mit diesem Wissen einer mit Mehrheit gewählten, aber von einigen Leuten perfide angefeindeten Oberbürgermeisterin in Sachsen sagen, die nicht mehr weitermachen will?

Ich werde und wir sollten niemals den 9. Oktober 2019 vergessen, als ein Rechtsextremist an Jom Kippur die voll besetzte Synagoge von Halle attackierte. Wir sollten niemals den 19. Februar 2020 vergessen, als ein Rechtsterrorist neun Bürgerinnen und Bürger von Hanau ermordete, weil ihre Familien eine Einwanderungsgeschichte haben. Wir vergessen nicht den Rechtsterrorismus in der Bundesrepublik der 1980er Jahre. Wir vergessen nicht Hoyerswerda 1991, Rostock-Lichtenhagen 1992, Mölln 1992, Solingen 1993. Wir vergessen nicht die Opfer des NSU, der zwischen 2000 und 2007 in Deutschland mordete. Zu vielen dieser dunklen Erinnerungstage habe ich gesprochen und oft habe ich mit überlebenden Opfern und mit Angehörigen von Ermordeten zusammengesessen. Es ist bitter nötig, dass unser Staat sich diesen verwundeten Menschen zuwendet, mit ihnen fühlt, Trost gibt, aber auch Hilfe. Trost zu spenden wäre auch für mich leichter, wenn wir sicherer sein könnten, dass wir die Gefahr für die Zukunft gebannt haben. Manche Wölfe tragen Schafspelz. Manche mörderische Hetze kommt gutbürgerlich daher. Extreme rassistische Gewalt wird durch populistische Stimmungsmache zuerst aufgestachelt und dann mit einem zynischen »Kein Wunder, dass so etwas passiert« in den Kommentarspalten der sozialen Medien noch gerechtfertigt.

Für ihre Handlungen sind natürlich die extremistischen Akteure verantwortlich. Doch die Ursachen der Entwicklung liegen tiefer. Wir müssen uns mit den systemischen Veränderungen befassen, die von digitalen Kommunikationstechnologien ausgehen. Ihr Raum ist immer offen, er ist international, immer auf Sendung und Empfang. Die Kosten der Nutzer sind gesunken, und keine Zensoren oder Redakteure stellen sich in den Weg, wenn man diesen Raum betreten will. Wir können die kommunikative Revolution als Demokratisierung verstehen. Wer Wissen sucht, findet es leichter, schneller, umfassender, ohne eine Bibliothek von Rang um die Ecke zu haben. Wer an der politischen Willensbildung teilnehmen will, kann es unkompliziert tun. Die Künstliche Intelligenz wird zum Assistenten und Lotsen in einer komplexen Welt. Diese wahrhaft transformativen Potenziale bleiben sensationell. Doch wie so häufig wächst mit dem Segen einer Technologie auch die Gefahr.

Die Technologie und die Geschäftsmodelle der sozialen Medien bergen große Risiken. Je heftiger es zur Sache geht, je aufgeregter die Nutzer involviert und je hypnotischer sie auf den Bildschirm fixiert sind, desto mehr Werbeeinnahmen klingeln in der Kasse der Unternehmen. Solange die sozialen Netzwerke als Massenmedium unserer Zeit programmierte Aufmerksamkeitsprämien auf den größten Krawall, die krasseste Emotion oder Sensation bieten, so lange werden die Spalter der Gesellschaft im Vorteil sein. Und dass sie regen Gebrauch von diesem Vorteil machen, zeigte einmal mehr eine russische Desinformationskampagne mit Zehntausenden gefälschten Nutzerkonten und mehr als einer Million deutschsprachiger Tweets, die zu Wut über die Unterstützung der Ukraine aufstacheln wollten.

Diese Systemfrage kann nicht mit einer Verhaltensetikette im Internet beantwortet werden. Man antwortet nicht mit dem Knigge, wenn das Recht angegriffen wird. Irritierend ist, dass die Eigentümer der Tech-Unternehmen genau diese systemimmanente Gefahr in öffentlichen Hearings zugegeben haben, dass sich aber in der Praxis wenig ändert. Ich bin überzeugt, dass wir diese seit vielen Jahren immer schärfer zutage tretende Unterminierung freiheitlicher Grundordnungen ohne falsche Rücksichtnahme auf die Urheber und Profiteure benennen müssen: Meta, X, Youtube, Tiktok und andere, verdienen nicht nur ihr Geld mit den Feinden der Demokratie. Wenn wir nichts verändern, werden sie selbst zu einer Gefahr für die Demokratie.

Wie viele andere war auch ich fasziniert, als die Software ChatGPT eingeführt wurde. Doch der rasante Fortschritt und die massenhafte Anwendung Künstlicher Intelligenz werfen Fragen auf. KI wird immer unentbehrlicher, um sich in den schier unfassbar großen Datenmengen des digitalen Raumes zu orientieren. Sie hat aber auch eine Schattenseite: Wo mit sehr mächtigen technischen Mitteln Texte, Töne und Bilder fabriziert und täuschend echt anmutende Fälschungen massenhaft in Umlauf gebracht werden, steht unser Vertrauen in die Unterscheidung von wahr und falsch auf dem Spiel. Manche mögen es lustig finden, wenn der Papst als coole Popikone erscheint oder Staatsmännern Unsinn in den Mund gelegt wird. Aber in Wahrheit sind solche »Deepfakes« gespenstisch. Und brennend gefährlich. Schon lancieren auch in Deutschland extremistische Kräfte gefälschte Videos von »Tagesschau«-Sprechern. Wo wir unseren Augen und Ohren nicht mehr trauen können, erwarten wir, ständig betrogen zu werden. Nicht nur dass Menschen den Lügen glauben, die ihre Accounts überschwemmen, ist das Problem, sondern dass sie mehr und mehr *alles* für Lüge halten und jegliches Vertrauen in Fakten verlieren. Davon profitieren nur diejenigen Populisten, Extremisten und Gewaltherrscher, die notorisch lügen und all ihre Rhetorik auf das Schüren von Emotionen, vor allem auf Ängste richten.

Wir zitieren in der Bundesrepublik oft die Lehre, die Demokratie müsse wehrhaft sein und dürfe ihren Feinden nicht auch noch die Waffen in die Hand geben, mit denen Freiheit, Menschenwürde und Rechtsstaat zerstört werden. Dabei denken viele an das Verbot extremistischer Parteien. Die Wehrhaftigkeit der Demokratie findet jedoch heute ihren Anwendungsfall bereits dort, wo bei der Entwicklung, Programmierung und Anwendung digitaler Technologie unsere Grundrechte infrage stehen. Wir brauchen eine klügere und auch durchgriffsschärfere Regulierung der sozialen Medien, die durch demokratische Verfahren legitimiert ist. Wir brauchen Anwendungen, die KI-generierte Inhalte identifizieren und markieren. Wir sollten eine technologische Entwicklung nicht mit einem Naturgesetz verwechseln. Was einmal programmiert wurde, kann neu programmiert werden. Wir sollten uns zutrauen, das Programm zu ändern.

Unterscheidbarkeit von Fakten und Lügen, Respekt vor den demokratischen und rechtsstaatlichen Institutionen, eine Debatte ohne Hass und Hetze, das gehört zu den Bedingungen, damit wir auch im digitalen Zeitalter bleiben können, wer wir sind: eine liberale Demokratie emanzipierter Bürgerinnen und Bürger, die über ihr Schicksal selbst bestimmen.

Splitterungen

Ich habe einen Bogen über Brüche, Krisen, Transformationen unserer Gegenwart gespannt. Alles in allem sind es ernste Belastungen und harte Bewährungsproben. Deutschland ist weder eine Insel der Seligen, die sich den globalen Trends entziehen kann, noch ist es mit seinen Sorgen isoliert. Es stimmt, dass wir internationalen Beobachtern als eine vergleichsweise stabile Demokratie gelten. Aber zu stark gewinnen auch bei uns Populismus, Rechtsextremismus und Geschichtsrevisionismus an Boden, als dass wir unser Verfassungsjubiläum mit der coolen Selbstgewissheit eines »Wir nicht!« begehen könnten.

Die Oberfläche des extremistischen Populismus ist voller Wut, immer häufiger sogar voller Hass. Das erfordert kategorischen Widerspruch mit Argumenten und mit Haltung. Ebenso muss uns aber interessieren, was unter der angespannten Oberfläche passiert, wie es um die kollektiven Emotionen einer Gesellschaft im Krisenstress bestellt ist.

Wenn ich aufbreche zu meinen »Ortszeiten« in kleineren Städten überall im Land, versuche ich mir stets vorzustellen, welche Stimmung mir dort begegnen wird. Natürlich lese ich zur Vorbereitung bereits einiges über Wirtschaftsdaten, Bevölkerungsentwicklung, Wahlergebnisse und Zukunftsperspektiven – und doch habe ich gelernt, dass diese Zahlen noch zu wenig darüber aussagen, wie sich die Menschen tatsächlich fühlen. Ich habe Orte erlebt, denen es schlecht geht, wo aber die Stimmung zuversichtlich bleibt und die Bürgerschaft auf bewundernswerte Weise entschlossen ist, es besser werden zu lassen. Nicht selten begegnet mir aber auch der umgekehrte Fall: Orte, in denen die Lage deutlich besser ist als die Stimmung, wo das historische Stadtbild glänzt, prosperierende Unternehmen junge Leute anziehen, Gewerbesteuereinnahmen fließen und die Laune dennoch im Keller ist. Dann hat man ein Rätsel zu lösen. Der in Jena lehrende Soziologe Hartmut Rosa sagt, die Leute liefen mit einem permanenten Druck auf dem Gemüt herum, weil die Möglichkeiten groß sind, aber die Unsicherheit sie ständig begleitet.[3] Wer niemals ruhen, ankommen, sich verankert wissen kann, sondern jederzeit mit dem Unerwarteten rechnen muss – wie dem Auftauchen eines Virus, das das öffentliche Leben lahmlegt, oder einem Krieg, der einem im Winter das Gas zum Heizen zu rauben droht –, der verliert sein Vertrauen in das Selbstverständlichste. Gerade in Ostdeutschland trifft diese gereizte Erschöpfung auf die lebendige Erinnerung an einen wirtschaftlichen Zusammenbruch, der auch drei Jahrzehnte später nicht verwunden ist.

Eine solche Diagnose ist etwas anderes, als einfach von einer »Spaltung« unserer Gesellschaft zu sprechen. Sie hilft uns eher zu begreifen, warum die Gesellschaft unter Strom steht, nämlich nicht obwohl, sondern ge-

---

[3] Max Florian Kühlem, »Die To-do-Liste explodiert«, Interview mit Hartmut Rosa, in: *Süddeutsche Zeitung* (9. September 2023), S. 17.

rade weil die Menschen ihre Lebensqualität schätzen. Nicht massenhafter Abstieg und nicht Verarmung, sondern die Sorge um den Verlust des Erreichten prägt bei vielen die mentale Befindlichkeit. Der eine Ort hat wenig, hofft aber auf Besserung. Der andere hat ziemlich viel, fürchtet darum und ist bedrückt. Wenn dort beim Bier im Rathauskeller am restaurierten Marktplatz jemand sagt: »Uns geht's doch gut«, dann erhält er die scharfe Antwort: »Ja, aber wie lange noch?«

Natürlich gibt es zugleich die objektiv unsicheren Lebenslagen, die schlecht bezahlte Arbeit, den harten Alltag. Hunderttausende Obdachlose in diesem wohlhabenden Land lassen mir keine Ruhe. Alleinerziehende, die fast zerbrechen unter der Last, meistens Frauen, empfinden die Ungerechtigkeit ihrer Situation besonders bitter, wenn der Ganztagsplatz in der Kita fehlt, ständig Schulstunden ausfallen, aber neunmalkluge Ratschläge kommen, sie sollten Vollzeit arbeiten. Und dann die Kinder, deren Familien es an Geld und Lebensmut mangelt und die mit der oft schamhaft empfundenen Benachteiligung einen schwierigen Weg in der Schule beginnen. Es bricht einem das Herz, in diese Gesichter zu sehen, die gesenkten Augen, das vorsichtige Lächeln vor sich zu haben. Diese materiellen Härten sollten nicht die betroffenen Kinder, sie müssen uns alle beschämen. Die politische Arbeit gegen diese enttäuschten Aufstiegshoffnungen, gegen die Armut nicht nur an Geld, sondern an Zukunftschancen bleibt unsere Aufgabe. Deshalb betrachten wir unseren Sozialstaat als zivilisatorische Errungenschaft. Diese Ungleichheiten summieren sich jedoch nicht, wie der Soziologe Steffen Mau mit seinem Team untersucht hat, zu einem krassen Oben-Unten-Gegensatz. Auch Mau verweist stattdessen auf die Sensibilität von Statusfragen und Zukunftserwartungen: »Wer den Eindruck hat, nur noch die Rücklichter der gesellschaftlichen Entwicklung zu sehen, ist zudem auch wütender als diejenigen, die Themen und Richtung zu bestimmen glauben.«[4]

Bei meinen eigenen Begegnungen und Gesprächen habe ich die Spannungen so erlebt: Die einen haben einen gut bezahlten Arbeitsplatz in den klassischen Industrien, sagen wir der Chemie oder des Autobaus, die immer stärker unter Veränderungsdruck geraten. Sie merken, dass ihr angestammter Platz in Arbeitswelt und Gesellschaft als problematisch, ja sogar als überflüssig und klimamoralisch zweifelhaft angesehen wird. Die anderen treten als Wortführer neuer Technologien auf, die den hohen Anspruch haben, die Welt zu retten. Ob jemand in einem grundlegenden Wandel »hinten« oder »vorne« positioniert ist, ob er sich kulturell benachteiligt oder durch höhere Bildung gut gewappnet sieht, ob er für seine Zukunft also Statusverluste oder -gewinne erwartet, ist entscheidend. Diese Konflikte sind es, die zugenommen haben in unserer Zeit historischer Umbrüche und Transformationen. Dabei spielt der nervöse Vergleich zum Status der anderen immer

---

4 Steffen Mau/Thomas Lux/Linus Westheuser, *Triggerpunkte. Konsens und Konflikt in der Gegenwartsgesellschaft*, Berlin: Suhrkamp 2023, S. 29.

eine wesentliche Rolle. Mit anderen Worten: die empörte Erwartung, dass mir nicht weniger zusteht als denen, die die neuen Produktionsmittel beherrschen, die neuen Karrieren machen oder die als Einwanderer überhaupt neu dazukommen.

Der transformationserfahrene Ostdeutsche Steffen Mau und seine Mitautoren führen uns vor Augen, dass es bei allem Streit eigentlich ein großes Maß an Konsens und eine Mitte gibt, die ähnlich denkt, das Klima schützen, andere Lebensmodelle tolerieren und den inneren Frieden wahren will. Wir sind keine »gespaltene«, keine »polarisierte« oder »zerbrochene Gesellschaft«. Aber wir sind ein emotional erhitztes, über sich selbst beunruhigtes Land.

Es gibt an den Berührungsflächen unseres sozialen Lebens gewissermaßen Aufrauungen, ja Aufsplitterungen, wie bei einem von widriger Witterung ermüdeten Material. Was meine ich mit diesen Splitterungen? Ich meine die vielen Verletzungen, die durch eine immer rücksichtslosere Sprache entstehen, die bis in die besten Kreise zum schlechten »guten Ton« wird. Ich verstehe den Soziologen Wilhelm Heitmeyer, der vor einer »rohen Bürgerlichkeit« warnt. Ich meine den Befund, dass das bürgerschaftliche Engagement in den klassischen Organisationen der Wohlfahrt, in Freiwilligen Feuerwehren, in Vereinen, in Kirchen und in den politischen Parteien zurückgeht. Ja, auch die nachlassende Beteiligung in Parteien ist zu nennen, die eben nicht nur Machtmaschinen sind, sondern soziale Räume bieten, in denen sich Menschen unterschiedlichen Einkommens, verschiedenster Herkunft, Ältere und Jüngere zusammenfinden, um gemeinsam etwas zu bewegen. Ich meine die Tatsache, dass Bürgerinnen und Bürger sich abwenden von der gemeinsamen Sache unserer demokratischen Institutionen. An den Stammtischen wird nicht mehr über links oder rechts, wirtschaftsnah oder -kritisch, liberal oder sozial gestritten, sondern es werden ohne Unterschied die »da oben« verachtet und beschimpft. Ich meine mit Splitterungen auch die Fronten der Identitätspolitik, an denen sich zornige Menschen als eine gänzlich abgegrenzte Gruppe definieren und gegen andere Gruppen in Stellung bringen. Ich meine damit auch, dass sich dreieinhalb Jahrzehnte nach der Einheit immer noch viele Ostdeutsche gegen Westdeutsche wenden und umgekehrt.

Erkennen, was uns verbindet

Was bedeutet der 75. Geburtstag der Bundesrepublik eigentlich für die Ostdeutschen, die sich mit der DDR an das untergegangene Land ihrer Geburt oder ihrer Eltern erinnern und den in Westdeutschland entstandenen Staat noch oder wieder als fremd empfinden? Was bedeutet Deutschland heute denen, die als Flüchtlinge und Einwanderer gekommen sind? Gehören wir zusammen? Kann die Bundesrepublik überhaupt stolz auf das Erreichte sein, haben wir etwas zu feiern? Darauf werde ich in den folgenden zwei Kapiteln eine Antwort zu geben versuchen. Am Ende dieses Abschnitts, der den unleugbaren Problemen Deutschlands gewidmet war, möchte ich bereits ein Wort einlegen für die gelassene Vernunft des staatsbürgerlichen Selbstvertrauens.

Wir dürfen nicht verlernen, wichtige Unterscheidungen vorzunehmen. Als Bürger, Wähler, Medienmacher und -nutzer müssen wir differenzieren zwischen politischer Kritik einerseits und Volksverhetzung andererseits, zwischen Opposition und Verfassungsfeindschaft. Niemand ist von dieser Pflicht mündiger Bürgerinnen und Bürger freigestellt. Vor allem an der Wahlurne kann sich niemand aus seiner Verantwortung herausreden. Die Politik jedoch muss ihr Unterscheidungsvermögen dafür schärfen, wo sie es mit einer Gesellschaft der Ermüdung und des Unbehagens angesichts vieler Krisen und tiefer Transformationen zu tun hat und wo mit manifester Demokratiefeindschaft. Politiker dürfen Veränderungsabwehr, Unsicherheit und Zukunftsangst nicht verwechseln mit politischem Extremismus, der unsere Demokratie und ihre Institutionen zerstören will.

Wir schützen die Demokratie nicht dadurch, dass wir sie aus Erschrockenheit bereits verloren geben. Wir sind vielmehr gefordert, als demokratische Mehrheit Gesicht zu zeigen, unsere Stimme zu erheben und unser Wahlrecht wahrzunehmen. Zu dieser Mehrheit zählen Demokratinnen und Demokraten jeglicher Couleur, manche progressiver, andere konservativer, Menschen aus den Städten ebenso wie vom Land, aus Ost und West, aus allen Regionen und allen Generationen. In *diesem* Sinne müssen wir wachsam sein. Mutig auftreten, genau hinsehen, genau zuhören, auch die Tricks einer extremistischen Minderheit durchschauen, die sich durch Großsprecherei Größe erschwindeln möchte, und erkennen, über wie viele grundlegende demokratische Werte – Freiheit, Solidarität und Gleichberechtigung der Menschen, Zusammenhalt, Sicherheit, Orientierung zum Frieden, den Erhalt einer gesunden Natur – wir einen ziemlich breiten Konsens haben.

Ich habe nach dem Beginn des russischen Angriffs auf die Ukraine und auf die Friedensordnung Europas gefordert, dass wir, um uns robust behaupten zu können, alles stärken müssen, was uns verbindet. Die Voraussetzung dafür ist, dass wir *erkennen*, was uns verbindet. Wie groß ist tatsächlich die Mehrheit derer, die ganz sicher keine Rückkehr in Nationalismus und Diktatur wollen, sondern eine Zukunft für genau das Deutschland, in dem wir leben. Eine gute Zukunft, in der wir gemeinsam an den großen Problemen unserer Zeit arbeiten und sie einer Lösung näher bringen. Wir können uns diese Zukunft zutrauen. Die offene Gesellschaft war immer die Lebensform derer, die etwas gewinnen wollen. Die Demokratie war immer die Staatsform der Mutigen.

II. WOHER WIR KOMMEN

Wir Deutschen haben in den letzten acht Jahrzehnten bedeutende Erfahrungen gemacht, die uns heute – in einer schwierigen Lage – helfen können. Mit Augenmaß den Kurs in einer veränderten Welt neu zu bestimmen setzt voraus, dass wir wissen, woher wir kommen. Ich möchte dazu einladen, uns noch einmal vor Augen zu führen, welche Weichenstellungen uns geleitet und welche Wertachsen uns in 75 Jahren Bundesrepublik und bald 35 Jahren deutscher Einheit getragen haben. Die Erinnerung daran soll uns nicht zuletzt davor bewahren, Wertvolles voreilig über Bord zu werfen.

Um unsere historischen Prägungen als Demokratie zu verstehen, müssen wir uns bewusst machen, wo wir nach 1945 begonnen haben. In den Geburtsjahren der zwei Staaten, die buchstäblich in den Trümmern des Deutschen Reiches entstanden, hieß es mit dem bedrückten Ernst, den die deutschen Demokraten angesichts der größten Katastrophe unserer Geschichte und nach Haft, Verfolgung, Exil oder stillem Rückzug empfanden: Ja, Deutschland *muss* ein ganz anderes Land werden! Diese Einsicht war von zentraler Bedeutung. Sie bleibt ein Schlüssel zum Verständnis unserer Gegenwart.

Nie wieder!

»Nie wieder!« – dieser Schwur stand am Anfang. Was er bedeutet und wie glaubwürdig er ist, sind Fragen, die uns heute neu gestellt werden. Zweifel, Kritik schwingen mit, wenn wir Deutschen in den brennenden Krisen unserer Gegenwart aufgefordert werden, die »richtigen« Lehren aus unserer Geschichte zu ziehen. Anfangs meinten diese zwei Worte vieles und für verschiedene Menschen auch sehr Unterschiedliches. »Nie wieder Faschismus!« war die Parole der aus den Konzentrationslagern oder dem Exil heimkehrenden Kommunisten und Sozialisten. »Nie wieder Diktatur!« hieß das Programm der freiheitlichen Demokraten, ob christlicher, liberaler oder sozialdemokratischer Provenienz. »Nie wieder Völkermord!« – dies war der Satz, den 1945 erst wenige denken konnten oder über die Lippen brachten. Für die Überlebenden der Vernichtungslager, deren Familien ermordet worden waren, die ihre Heimat verloren hatten, für die dem Morden entronnenen Juden Europas, hieß es weit häufiger: »Nie wieder wehrlos!«

Es dauerte noch lange, ehe im Land der Täter ein Satz wie »Nie wieder Auschwitz!« aussprechbar war. »Nie wieder Krieg!« aber war das, was die allermeisten Deutschen zuerst verband. »Nie wieder Krieg!« war das, was dem politischen Neuanfang die weitaus größte Legitimität verschaffte. Das galt für die Ausgebombten, die Kriegsheimkehrer, die deutschen Flüchtlinge aus dem Osten oder all jene, die die letzten Kriegsmonate in Furcht vor Luftangriffen und den vorrückenden Armeen der Anti-Hitler-Koalition, in Angst vor Rachemord, Vergewaltigung, Plünderung, Hunger ertragen hatten. Darin lag das große Aufatmen, das Ende eines Albtraums: der erlösende Gedanke, mit dem Leben davongekommen zu sein.

Die Deutschen sahen sich in ihrer großen Mehrheit noch lange nicht als Befreite. Das wäre auch kaum ehrlich gewesen. Zu treu waren die allermeisten dem NS-Regime bis in den eigenen Untergang gefolgt, als dass sie sich sofort auf die Seite der Sieger hätten stellen können. Nach dem Auftauchen aus Propagandataumel, Gesinnungskontrolle, Denunziation, Kriegsmobilisierung, nach dem allgegenwärtigen Töten, mit dem sinnlosen Sterben der Väter, der Söhne und Brüder, nach den Zerstörungen und Heimatverlusten fühlte man sich geschlagen, desillusioniert, orientierungslos, kaum schon befreit zur Demokratie. Dass es genau so war, *dass* totale Niederlage, bedingungslose Kapitulation, Untergang des Deutschen Reiches die Voraussetzungen für den demokratischen Neuanfang waren, ist eine Überzeugung, die sich erst langsam durchsetzte.

Gewiss sollte die »antifaschistische« Staatsräson der DDR von Anfang an die maximal mögliche Negation des »Dritten Reiches« vollziehen. Der 8. Mai wurde seit 1950 als »Tag der Befreiung vom Hitlerfaschismus« gefeiert. Hinter der Formel wirkten aber nicht nur autoritäre Traditionen fort, sie verbrämte auch eine neue undemokratische Herrschaft. In Westdeutschland sprachen die Bundespräsidenten Walter Scheel, kaum wahrgenommen, und Richard von Weizsäcker zum 30. und zum 40. Jahrestag des Kriegsendes von einem Tag der Befreiung. Dass sie es mittlerweile im Namen der Deutschen tun konnten, auch wenn noch reichlich Protestbriefe eingingen, ist ein Zeichen dafür, dass sich das Geschichtsbild grundlegend veränderte und dass sich die Bundesrepublik – um den zentralen Begriff des Historikers Heinrich August Winkler zu verwenden – auf den Weg nach Westen gemacht und eine liberale und demokratische politische Kultur ausgebildet hatte.

Jenseits von staatlich angeordneten Massenaufmärschen in der DDR und dem ausweichenden Schweigen oder Beschönigen in der frühen Bundesrepublik gilt: Im Bewusstsein der meisten Deutschen ist der 8. Mai erst durch die kritische Auseinandersetzung mit der eigenen Geschichte ein Tag der Befreiung geworden. 1945 war er für die Generationen, die ihn im Erwachsenenalter erlebten und nicht zu den Verfolgten gehörten, ein Tag der Niederlage, der Demütigung, bestenfalls der Erlösung vom Krieg. Um diese Mentalität nationaler Kränkung zu überwinden, bedurfte es doch mehr als nur der Verdammung der »zwölf Jahre«, die das »Dritte Reich« gedauert hatte. Geschichtsrevisionisten polemisieren heute wieder neu, die Nationalsozialisten seien eine Bagatelle in mehr als tausend Jahren deutscher Geschichte. Ich will den rotzigen Ton, in dem das geschehen ist, nicht wiederholen. Dieser Rückfall in die Unbelehrbarkeit ist beschämend. Eines aber ist sicher: Es hat uns noch nie geholfen, die Katastrophe des NS-Regimes aus der deutschen Geschichte herauslösen und isolieren zu wollen. Es stimmt eben, was der Historiker Fritz Fischer sagte: »Hitler war kein Betriebsunfall.«

Das schwere Erbe des Kaiserreiches

Deshalb möchte ich zunächst noch einen Schritt weiter zurückgehen. Als mit dem Jahr 2021 der 150. Jahrestag der Reichsgründung von 1870/71 auf uns zukam, entschloss ich mich, im Schloss Bellevue eine eigene Veranstaltung auszurichten. Angesichts von Kundgebungen, auf denen wieder die kaiserliche Reichskriegsflagge weht, angesichts von rechtsextremistischen »Reichsbürgern«, die sich inzwischen bewaffnen, schien mir das geboten.

»Das sind wir nicht mehr« ist für mich der unwillkürliche Gedanke, wenn wir an die Inszenierung von Versailles noch einmal erinnert werden, wo 1871 der deutsche Nationalstaat entstand. Sein Gründungsmythos, das wissen wir heute, war verhängnisvoll. Ein mit politischer Berechnung der preußischen Führungsmacht durch gewollte Kriege im Norden, Süden und schließlich im Westen geeinter Staat; ein ausgeprägter Franzosenhass; eine Art Zivilreligion heldenhafter Schlachten, die bis 1918 die Gedenkrituale beherrschte; ein Militärstaat, dessen bewunderter Vertreter der Offizier oder Reserveoffizier war; eine einflussreiche völkische Propaganda, die »rassische« Andersheit und Überlegenheit der »Germanen« predigte, die Juden als »volksfremd«

ausschloss, trotz des Versprechens auf Gleichberechtigung, das die Reichsverfassung gab; eine Gesellschaft, in der Antisemitismus gang und gäbe war – ein »kultureller Code«, wie die israelische Historikerin Shulamit Volkov es genannt hat; eine hierarchische Gesellschaft, in der vom Kaiser bis zum Fabrikanten eine »Herr im Haus«-Denkweise vorherrschte, die selbstbewusste Arbeiter als Vaterlandsverräter verunglimpfte, ein Staat, der ihre Partei verbot und ihre politischen Repräsentanten ins Exil trieb oder in Festungshaft nahm.

Alles das sind wir zu unserem Glück nicht mehr. Mit einer etwas polemischen Note könnte man sagen: Aus Untertanen sind Demokraten geworden. Der überragenden Figur der Reichseinigung, dem ersten Kanzler Otto von Bismarck, wäre es ein Graus gewesen. Polemik war ihm durchaus geläufig. Er hat die Legende gewordenen Worte einer Machtpolitik nicht durch Parlamentsbeschlüsse, sondern durch »Blut und Eisen« geprägt. Er setzte den Ton der Verachtung gegen Parteipolitik und Parlamentarismus als unwürdiges Geschacher dahergelaufener Ehrgeizlinge. Kein Populist unserer Tage, von rechts wie von links, muss sich diesbezüglich irgendetwas Neues ausdenken. So manches, was das Kaiserreich den Deutschen ins Erbe legte, erwies sich als bleierne Last, die jene Emanzipation und Selbstermächtigung von Bürgertum und Arbeiterschaft behinderte, ohne die keine politische Freiheit entstehen kann. Deutschland musste in der Tat ein ganz anderes Land werden, damit die Demokratie tiefere Wurzeln schlagen konnte.

Die überragende wirtschaftliche Bedeutung des ausgehenden 19. Jahrhunderts, die sozialstaatliche, technische und wissenschaftliche Modernisierungsleistung des Kaiserreichs sollten wir nicht unterschätzen. Industrie und Städte wuchsen, der deutsche Nationalstaat entstand. Und doch gab es die politische Ruhelosigkeit, wie Michael Stürmer es einmal nannte, und den inneren wie äußeren Unfrieden, der zunehmend vom Deutschen Reich ausging. Auch auf dem damals progressiven industriellen Denken liegt ein großer Schatten, verwechselten viele doch erreichbare große Märkte mit machtpolitisch unterworfenen und kontrollierten »Großräumen«. Der Kampf um den »Platz an der Sonne« verband ein hochmütiges Offizierskorps mit Rüstungsindustriellen, die den deutschen Großmachtambitionen die Kanonen und Kriegsschiffe verschafften. Solche unheilvollen Allianzen alter und neuer Eliten verdunkelten den Erfolg Deutschlands. Auch das Industriebürgertum träumte von einer weit ausgreifenden Herrschaft, die neuen Krieg in Europa bedeutete. Ja, auch die Wirtschaftseliten mussten ganz andere werden, damit Deutschland friedensfähig werden konnte.

Zu einem ungeschminkten Bild des Kaiserreiches gehören die Kolonialverbrechen. Sie aufzuarbeiten, an sie zu erinnern ist unsere Verantwortung. Diese Aufgabe ist schon zu lange liegen geblieben. Als ich 2023 Tansania besuchte, bin ich nach Songea im Süden des Landes gefahren. Ich habe dort an den Gräbern von Opfern des Maji-Maji-Krieges gestanden und ihre Nachfahren getroffen. Die deutschen Kolonialtruppen haben nicht nur die Aufständischen getötet, sie haben Dörfer und Felder niedergebrannt. Zehntausende, vielleicht Hunderttausende starben in der Folge an einer Hungersnot. Tansania, vor allem aber Namibia, wo die Wunden des Völkermordes an den Herero und Nama nicht verheilt sind, sind Erinnerungsorte auch der deutschen Geschichte.

Im Osten – kein »besseres Deutschland«

Nach dem Krieg begann die Teilung in Ost und West. Die Deutschen mussten unterschiedliche Wege einschlagen, unterschiedlich schwierige Wege auch. Und doch war ihnen manches gemeinsam. In den noch rauchenden Trümmern des Reiches wollten die Menschen vor allem überleben. In Ost und West arrangierten sie sich mit neuen Ordnungen, die vor allem eines nicht waren: Sie waren kein Krieg, und damit ließ sich erst einmal weitermachen. Die innere Begeisterung hielt sich in der breiten Bevölkerung zunächst auf beiden Seiten in Grenzen. Den politischen Neuanfang übernahmen Persönlichkeiten, welche die Alliierten nach der Maßgabe ausgewählt hatten, dass sie möglichst vom Nationalsozialismus unbelastet schienen.

Schauen wir heute zurück auf die Entstehung der DDR in der Sowjetischen Besatzungszone, so haben wir vor allem die Zeichen der beginnenden Diktatur vor Augen. Vergessen wir aber nicht, dass die Gründung eines »antifaschistischen« deutschen Staates durchaus von Hoffnungen begleitet war. Hier sollte, so schien es jedenfalls vielen NS-Gegnern, die gründlichste Konsequenz gezogen werden aus dem Verhängnis der deutschen Geschichte. Anders als in der Bundesrepublik hatte von den politischen Köpfen, auf die es anfangs ankam, keiner im NS-Staat gelebt, sondern sie hatten den Krieg aufseiten der Hitler-Gegner verbracht, insbesondere die »Gruppe Ulbricht«, die aus Moskau in das zerstörte Berlin zurückkam. Walter Ulbricht hatte den stalinistischen Albtraum aus Verdächtigungen und Säuberungen unter den Emigrierten im Moskauer Hotel Lux überstanden und erhielt nun den Auftrag der KPdSU, Partei und Staat im Osten Deutschlands zu errichten. Der erste Versuch, in Deutschland eine sozialistische Republik zu schaffen, war für viele, die vom Nationalsozialismus verfolgt worden und im Widerstand gewesen waren, die aus den Lagern kamen oder aus dem Exil, zuerst einmal faszinierend. Endlich kehrten die Ideen von Karl Marx, der nach dem Scheitern der 1848er-Revolution zuerst nach Paris floh, dann nach London übersiedelte, in die Heimat zurück. So sahen es linke Politiker auch in Westeuropa, so empfanden es Schriftsteller, Künstler und Philosophen in nicht kleiner Zahl. Es ist anders auch gar nicht zu verstehen, wie viele kluge Köpfe aus der Westemigration nicht in die Bundesrepublik, sondern in die DDR gingen und wie sehr sich die dortigen Kulturfunktionäre um sie bemühten. Bertolt Brecht, Anna Seghers, Arnold Zweig, Stefan Heym, Stephan Hermlin, der Germanist Hans Mayer, der Philosoph Ernst Bloch und viele mehr, sie alle waren vor Hitler ins westliche Ausland geflohen. Heinrich Mann, durch die eben gegründete DDR bereits mit dem Nationalpreis I. Klasse ausgezeichnet, verstarb während der Vorbereitung seiner Übersiedlung dorthin. Thomas Mann wählte als Wohnsitz zwar die Schweiz, kam aber 1949 zum Goethejahr und noch 1955 im Schillerjahr zu Besuch nach Weimar und wurde in der DDR offiziell »als Sinnbild des Besten im Bürgertum« gefeiert. Wolf Biermanns Mutter schickte ihren Sohn, gerade sechzehn Jahre alt, von Hamburg in ein Internat bei Schwerin, denn sie glaubte fest an den Sozialismus und war überzeugt, dass das Vermächtnis seines in Auschwitz ermordeten jüdisch-kommunistischen Vaters dort geehrt werden würde. Biermann sprach rückblickend von der »roten Brause«, mit der die Köpfe gewaschen wurden. Aber man darf nicht unterschätzen, wie lange dieser Glaube anhielt, wie er noch in Zeiten der Unterdrückung zu Gewissenskonflikten führte und den Wunsch nach dem »wahren Sozialismus« nährte.

Zu diesem Zeitpunkt siedelten »normale« Bürger in die andere Richtung um, wie Biermann einmal ironisch anmerkte. Denn mit der DDR entstand eine neue Diktatur in Deutschland, der viele den Rücken kehrten, solange es noch möglich war. Bis zum Mauerbau gingen 2,8 Millionen Menschen von Ostdeutschland in den Westen. Die anfängliche Hoffnung starb, das Vertrauen zerbrach. Es zerbrach an der Gleichschaltung der politischen Kräfte – von der Zwangsauflösung der

SPD in der SED über die Etablierung christlich-, liberal- und nationaldemokratischer Attrappenparteien –, an der Verlogenheit der Propaganda, an der erneuten Verfolgung von unabhängigen Demokraten, sogar Kommunisten, die sich nicht fügen wollten, an Willkür, Verhaftungen, Deportationen in die Sowjetunion, an Todesstrafen für Meinungsäußerungen.

Das zerbrechende Vertrauen zeigt sich an Lebensläufen wie dem des Juristen Wolfgang Abendroth, der im Widerstand gegen den Nationalsozialismus gewesen war, zunächst in der Justizverwaltung der Sowjetischen Besatzungszone arbeitete und als Professor für Völkerrecht an die Universitäten Leipzig und Jena berufen wurde. Abendroth weigerte sich jedoch, die Zwangsvereinigung von KPD und SPD mitzumachen. Er blieb illegal Mitglied der Sozialdemokratischen Partei und floh bereits Ende 1948 in den Westen, wo ihm zwar ein rechtswissenschaftlicher Lehrstuhl versagt blieb, wo er aber als Professor für Politikwissenschaft zunächst in Wilhelmshaven, später in Marburg wirken konnte. Dort habilitierte sich bei ihm 1961 der wohl bedeutendste und einflussreichste Philosoph der Bundesrepublik, Jürgen Habermas, mit der Arbeit *Strukturwandel der Öffentlichkeit*.

In der DDR wurde demokratisches Pathos bald zur leeren Phrase. Nach den einzigen halbwegs freien Wahlen im Herbst 1946, bei denen die SED in den Ländern eigene Mehrheiten verfehlt hatte, setzten die Kommunisten darauf, »alles in der Hand zu behalten«, wie Ulbricht sagte. Spätestens der Aufstand vom 17. Juni

1953 offenbarte die Machtverhältnisse, wie sie wirklich waren: ein Regime, das gegen den Mehrheitswillen der eigenen Bevölkerung stand, die Repression verschärfte und sich nur mit Hilfe der Roten Armee an der Macht halten konnte. Während meiner Vorbereitung auf den 70. Jahrestag des 17. Juni, den wir 2023 nicht zuletzt angesichts der Gewalt gegen die Ukraine und der Unterdrückung in Weißrussland herausgehoben würdigen wollten, machte mich der Historiker Ilko-Sascha Kowalczuk auf eine Tonaufnahme aufmerksam, die eine Belegschaftsversammlung des Elektromotorenwerks Wernigerode dokumentiert. Als ich zum ersten Mal die Stimme von Gerhard Templin hörte, der, erkennbar kein geübter Redner, als Sprecher der Protestierenden im Werk auftrat, fühlte ich mich unmittelbar hineingezogen in das damalige Aufbegehren. Templin las die Forderung der Arbeiter nach freien und geheimen Wahlen in ganz Deutschland vor, und der Jubel der Belegschaft zeigt, wie sehr die herrschende Unfreiheit die Menschen aufbrachte. Wir entschieden mit dem Bundestagspräsidium, die Aufnahme bei der Gedenkstunde einzuspielen, und so war die Stimme Templins zum ersten Mal in einem frei gewählten deutschen Parlament zu hören, einem Parlament, wie er es damals mit den Streikenden gefordert hatte.

Die Sehnsucht nach Freiheit war lebendig, das hatte der 17. Juni gezeigt. Nein, es ging ganz sicher nicht nur um die Unzufriedenheit mit den Arbeitsnormen, es war auch ein politischer Aufstand und ein Vorbote dessen, was 1989 gelang: eine Freiheitsrevolution. 1953 sollten zwar zunächst die sowjetischen Panzer siegen. Aber es bedurfte bewaffneter Verbände, eines Spitzelsystems der »Staatssicherheit«, eiserner ideologischer Schulung und schließlich sogar einer Mauer, um die DDR zu stabilisieren. Das versprochene »bessere« Deutschland war gescheitert. Die DDR wurde zur zweiten deutschen Diktatur.

Ostdeutschland im kollektiven Gedächtnis unseres Landes

Eines sollten wir nicht übersehen: Die Ostdeutschen lebten nicht im »besseren Deutschland«, doch sie führten kein weniger respektables Leben. Das Philosophenwort der Kritischen Theorie, es gebe kein richtiges Leben im falschen, das meine Studentengeneration las, leitet in seiner Radikalität auf Abwege. Als 1956 im Westen geborenes Kind der Bundesrepublik habe ich seit 1990 in vielen Gesprächen insbesondere während meiner Zeit als Abgeordneter, der einen Brandenburger Wahlkreis vertrat, gelernt, wie verschieden die Erfahrungen wirklich waren und wie unangemessen es ist, Biografien von Millionen von Menschen pauschal abzuqualifizieren. Erinnerungen an die Jugendweihe, an Fußball, an den Stolz über gute Noten in Mathe und Physik, an Lehrlingszeit und Meisterbrief, an Studium und Ingenieurdiplom, an die selbstständige Berufslaufbahn gerade von Frauen, an die freien Tage an der Ostsee, Familienfeiern, den Zusammenhalt, den es im

Betrieb auch gab, lassen sich nicht entwerten. Sie leben im Gedächtnis ebenso fort wie die Enttäuschungen und der Alltagsärger, beschämende Erfahrungen mit schlechter Versorgung und siechenden Betrieben, mit der Vergiftung der Umwelt, der Arroganz der Funktionäre, Schulverweisen, Bespitzelung, Angst vor den systemtreuen Nachbarn und dem beklemmenden Bewusstsein, im Hausflur, in der Kneipe oder am Telefon besser nur vorsichtig zu sprechen.

Eine ganze Reihe jüngerer ostdeutscher Autorinnen und Autoren steht heute für diesen Zugang zu persönlicher Erinnerung und fragt, wie DDR-Erfahrungen in unsere Gegenwart hineinreichen. Zu ihnen zählt die 1986 in Wismar geborene Schriftstellerin Anne Rabe. In ihrem Roman *Die Möglichkeit von Glück* habe ich die Versehrungen freigelegt gefunden, die eine autoritäre, hartherzige, auf Gehorsam in der geschlossenen Gemeinschaft der Parteikader ausgerichtete Erziehung hinterlassen hat. Wer beginnt, aufmerksamer zu lesen, geduldiger zuzuhören, lernt von Menschen, die unter widrigen Umständen einen Raum für Menschlichkeit und Wahrhaftigkeit verteidigten, die im falschen System richtige Entscheidungen wagten, die auch im Blick zurück nichts schönfärben, sondern Scham und Schmerz aufrichtig zur Sprache bringen.

Diesen Erfahrungen einen größeren Raum in unserem kollektiven Gedächtnis einzuräumen täte uns gut. Wir sollten sprechen von den Verwundungen, den Folgen jahrzehntelanger Unterdrückung, die bei vielen eine tiefe Abneigung gegen Versammlungen, Parteien und jede Art von Ideologie nährte. Wir dürfen die Millionen Opfer von DDR-Unrecht nicht vergessen, die in der DDR ihren Studienplatz verloren, in Haft saßen, eingeschüchtert, bedroht, gebrochen werden sollten und sich doch nicht haben brechen lassen. Wir sollten uns erinnern an die Sehnsucht nach Freiheit, die die Jahre der Diktatur überdauerte, und an die Kraft des gemeinschaftlichen Handelns, als die ostdeutsche Bevölkerung die Mauer zum Einsturz brachte. Wir sollten sprechen über die Unsicherheiten, Ängste und die erlittenen Verluste in der Umbruchszeit nach 1989, die im Osten praktisch jede einzelne Familie trafen und gerade deshalb ein großes Bedürfnis nach Sicherheit und Stabilität zur Folge hatten – ebenso wie wir an die Stärke, den Erfindungsgeist und die Kraft erinnern sollten, die es brauchte, um noch einmal ganz neu anzufangen. All diese Erfahrungen sollten uns heute nicht als biografischer Ballast gelten, sondern ganz im Gegenteil als Erfahrungsgewinn, den unsere Demokratie gut gebrauchen kann.

Damit dies aber kein leeres Wort bleibt, brauchen wir weit mehr Ostdeutsche in den wichtigen Leitungspositionen unseres Landes. Erfahrung einzubringen kann sich nicht darin erschöpfen, anderen seine Lebensgeschichte zu erzählen. Sie muss praktisch wirksam sein, vor allem im Beruf, in Wissenschaft und Kultur, in der Wirtschaft und natürlich in Politik und Verwaltungen. Während in anderen postsozialistischen Ländern oppositionelle Köpfe, darunter junge Bürgerrechtler, in die Verantwortung eintraten, rückten nach der Friedlichen

Revolution in Ostdeutschland viele etablierte westdeutsche Eliten in bestimmende Positionen. Das war sicher auch dem Misstrauen geschuldet, der kritischen Frage, wer mit dem Regime gemeinsame Sache gemacht hatte. Besonders beim Aufbau des Rechtsstaates galt in dieser Lage unbelasteten Leuten von außen oft der Vorzug. Aber es ist doch richtig: Wir brauchen mehr Ostdeutsche in Führungsstellen. Da haben wir vieles aufzuholen, und zwar so schnell wie möglich.

Eines ist mir sehr wichtig: Wenn wir 75 Jahre Grundgesetz feiern, kann die Frage mancher Ostdeutschen, was diese »Westgeschichte« denn mit ihnen zu tun habe, nicht ohne Antwort stehen bleiben. Wie könnte das auch sein, wo wir mittlerweile fast die Hälfte dieser Jahre in einem gemeinsamen Staat leben, gemeinsame politische Entscheidungen treffen und gemeinsam erfahren, was uns heute an Krisen und Kriegen bedrückt und herausfordert. Seit bald 35 Jahren ist die Verfassung, deren Geburtstag wir begehen, unsere gemeinsame Verfassung. Mehr noch, ich meine, dass die vorangegangenen vier Jahrzehnte des Grundgesetzes den Ostdeutschen ebenfalls etwas bedeuten können. Denn das Grundgesetz formuliert die Freiheitsrechte, nach denen sich viele Menschen in Ostdeutschland sehnten. Wenn ich Herrenchiemsee, den Parlamentarischen Rat und die Geburt der Bundesrepublik in Bonn würdige, denke ich zugleich an all jene Menschen in Ostdeutschland, die frei leben wollten. Sie haben nicht mitbestimmt über den ersten Artikel, der alle staatliche Gewalt auf die

Menschenwürde verpflichtet, und nicht über den Satz im zweiten Artikel: »Die Freiheit der Person ist unverletzlich.« Sie konnten bis 1990 nicht unter dieser Verfassung an die Wahlurnen gehen. Die Idee der Freiheit aber hatten sie vor Augen: freie Rede ohne Angst, Freiheit der Versammlung und Vereinigung, freie Wahlen, nicht zuletzt Bewegungs- und Reisefreiheit.

Zu diesen Menschen zählen Arno Esch, liberaler Demokrat an der Rostocker Universität, der ein Recht auf Kriegsdienstverweigerung forderte, sich der Vorherrschaft der SED widersetzte und 1951 in Moskau hingerichtet wurde, der Elmo-Werker Gerhard Templin aus Wernigerode und die anderen Demonstranten des 17. Juni 1953 ebenso wie die Dissidenten und Bürgerrechtler der nächsten Jahrzehnte, die 1956 solidarisch mit den Ungarn, 1968 mit dem Prager Frühling, 1976 mit den Initiatoren der »Charta 77«, 1980 mit der Solidarność in Polen waren. Zu ihnen zählen die vielen, die in der DDR mehr Freiheit wollten, für mehr Freiheit kämpften, bis hin zu den Mutigen, die im Herbst 1989 auf die Straße gingen, die vor der Nikolaikirche in Leipzig das Transparent mit der Aufschrift »Für ein offenes Land mit freien Menschen« hochhielten. Sie alle träumten von Demokratie und freien Wahlen, von Grund- und Menschenrechten, von einem freien, geeinten Europa.

Nein, sie hatten dabei nicht alle das Grundgesetz im Sinn. Warum sonst hätte es überhaupt eine Debatte über eine neue Verfassung für das wiedervereinigte Deutschland gegeben? Aber sie träumten von den Rechten, die das Grundgesetz seit 1990 endlich allen Deutschen garantiert. Dass dieser Traum wahr wurde, das ist aus meiner Sicht wahrlich ein Grund zum Feiern.

*Im Westen – der erstaunliche Erfolg
einer unfertigen Demokratie*

Der Weg der Westdeutschen zum Grundgesetz war gewiss leichter. Sie kamen in den Genuss der Freiheitsrechte, ohne so richtig zu wissen, wie ihnen geschah. Sie waren in ihrer Mehrheit jedenfalls skeptisch, misstrauisch, abwartend. Autoritäre Traditionen verschwanden nicht mit dem Akt der Verfassungsgebung. Das Deutsche Reich lebte in den Köpfen fort, und vor allem die Wiederherstellung seiner Grenzen von 1937 war mehrheitlich die Erwartung. Die strafrechtliche Abrechnung mit den Verantwortlichen für Krieg und Völkermord lehnten die meisten Menschen ab. Kalt distanziert betrachteten viele jene Deutschen, die aufseiten der Alliierten gegen das nationalsozialistische Deutschland Stellung bezogen hatten und aus der Emigration zurückkehrten.

Dagegen rückten Angehörige der alten Eliten in Leitungspositionen der Bundesrepublik ein. Dass der frühere Mitkommentator der Nürnberger Rassegesetze Hans Globke als Chef des Bundeskanzleramtes unter Adenauer, dass der frühere Chef der Abteilung Ost des Militärgeheimdienstes der Wehrmacht Reinhard Gehlen als erster Präsident des Bundesnachrichtendienstes berufen wurde, dass beide – wie selbstverständlich – mit hohen bundesdeutschen Orden dekoriert wurden, während man die zurückkehrenden Gegner Hitlers mit Argwohn empfing oder gar nicht erst zur Rückkehr einlud, lässt uns noch heute nach mehr als sieben Jahrzehnten fassungslos zurückblicken. Norbert Frei hat mit seinem Buch *Vergangenheitspolitik* im Detail gezeigt, wie weitreichend Anfang der 1950er Jahre die Politik der Amnestierung und Wiedereinsetzung von Beamten war und wie groß die Bereitschaft, über Belastungen diskret hinwegzusehen. In den frühen Jahren der Bundesrepublik wollten die meisten Bundesdeutschen, dass die Vergangenheit ruhe. Sie sollte schon deshalb ruhen, weil sie noch Gegenwart persönlicher Schuld war. Auf Beschweigen und Vergessenwollen ließ sich aber keine demokratische Zukunft begründen.

Ich frage mich manchmal mit Staunen, wie der westdeutsche Staat auf zunächst so zerbrechlicher politischer Grundlage und mit der Last der Zerstörung seiner Städte und Fabriken, überdies konfrontiert mit einer nie zuvor erlebten Zahl von Flüchtlingen aus den Ostgebieten, in so kurzer Zeit so erfolgreich werden konnte. Es lohnt sich, wenn wir noch einmal genau hinschauen, wie dieser Erfolg möglich war. Natürlich: Die Erfindung einer »sozialen Marktwirtschaft« ist zu nennen, freier Markt und sozialer Ausgleich. »Wohlstand für alle«, wie es Ludwig Erhard eingängig formulierte. Der unermüdliche Fleiß der Aufbaugeneration, der Ehrgeiz, die Vergangenheit ebenso wie Verzweiflung und Armut der Nachkriegsgegenwart hinter sich zu lassen. Dann die Integration der Vertriebenen – was für eine Leistung, aber nicht nur Bürde, sondern auch Ansehensgewinn für den jungen Staat. Schließlich die föderale Ordnung mit selbstbewussten Ländern, in denen Heimatgefühl sich entfalten konnte und die Demokratie umso kräftigere Wurzeln schlug.

Es war sicherlich ein historischer Glücksfall, dass die junge Bundesrepublik von so herausragenden Persönlichkeiten geformt und repräsentiert wurde, die ihren Institutionen Gewicht verliehen und Würde ausstrahlten: Der Christdemokrat und erste Bundeskanzler Konrad Adenauer, ein unzweideutiger Nazi-Gegner, der erste Bundespräsident Theodor Heuss von der FDP, der den Deutschen im Angesicht von Bergen-Belsen sagte: »Wir haben von den Dingen gewusst!«, der SPD-Vorsitzende Kurt Schumacher, der fast zehn Jahre in verschiedenen Konzentrationslagern überlebt hatte, und viele andere mehr, darunter auch Elisabeth Selbert, Frieda Nadig, Helene Weber, Helene Wessel als »Mütter des Grundgesetzes«. Und doch war es sicher mehr als Glück. Denn die freiheitliche Ordnung selbst strahlte Würde aus. Sich frei versammeln zu können, Parteien und Gewerkschaften zu bilden, seine Meinung zu äußern, die Freiheit der Wahlen, die Unabhängigkeit der Verfassungshüter am höchsten Gericht in Karlsruhe, all das galt nicht nur etwas, es war das Ausschlaggebende. Regierung war Macht auf Zeit, die sich immer wieder rechtfertigen und neu legitimieren musste, wandlungsoffen und korrekturfähig. Die Christdemokratie ging aus den Wahlen im August 1949 als erste Kanzlerpartei hervor – jedoch knapp und angewiesen auf Koalitionspartner. Und die Opposition war nicht einfach geschlagen und mundtot gemacht, sie kritisierte die Regierung hart und offen selbst in Grundsatzfragen.

Der Bundestag wurde zum kräftig schlagenden Herzen der Demokratie. Grundlegende Entscheidungen zur Ausrichtung des neuen Staates wurden dort heftig und kontrovers diskutiert. Nehmen wir etwa eine der ersten Debatten über die Westbindung. Vom Pult des Plenarsaals aus warb Adenauer 1949 leidenschaftlich für den Beitritt zum Ruhrstatut, einer der ersten Schritte zur Europäischen Gemeinschaft für Kohle und Stahl. Kurt Schumacher, der die Wiedervereinigung in Gefahr sah, beschimpfte Adenauer als »Kanzler der Alliierten«. Der Streit wurde mit Vehemenz ausgetragen. Schumacher wurde vom Bundestag diszipliniert und für zwanzig Tage von den Sitzungen ausgeschlossen. Es sagt allerdings ebenso viel über die formative Phase der Bundesrepublik, dass Kanzler und Oppositionsführer sich sogleich aussprachen und der Sitzungsausschluss am folgenden Tag aufgehoben wurde.

Solche Debatten gaben dem Parlament seine Bedeutung und wirkten beispielgebend in die bundesdeutsche Öffentlichkeit. Das Grundgesetz und die Institutionen hatten einen Möglichkeitsraum geschaffen, in dem sich die Demokratie weiter entwickeln konnte. Das war auch notwendig. Denn in den ersten Jahrzehnten blieb die Bundesrepublik eine unfertige Demokratie. Unfertig nicht, was die verfassungsrechtlichen Grundlagen und die Repräsentanten der Institutionen anging, aber unfertig im Sinne einer inneren Beteiligung der neuen bundesrepublikanischen Bürgerschaft, die vor allem mit der Überwindung von Not und mit dem eigenen Fortkommen beschäftigt war.

Verankert im demokratischen Westen

Adenauer hatte das richtige Gespür. Wir verdanken der Westbindung wirtschaftlichen Aufbau und äußere Sicherheit. Sie stieß die Tür auf für den Weg der europäischen Einigung, die, von Frankreich und Westdeutschland ausgehend, die nationalen Gegensätze und Vorherrschaftsbestrebungen überwand. Zunächst im westlichen Europa, das ist wahr, aber als Wertegemeinschaft, offen für neue Mitglieder, nicht als geografisch im Westen fixiertes Projekt.

Heute blicken wir mit einem erneuerten Bewusstsein auf den Wert der Westbindung. Angesichts der militärischen Bedrohung durch ein aggressives Russland und angesichts des zunehmenden wirtschaftlichen Drucks aufstrebender Mächte, die unsere Ideen von Recht und Freiheit nicht teilen, spüren wir wieder sehr unmittelbar, dass es in einer gefährlichen und ungewissen Welt besser ist, nicht allein dazustehen. Und wie gut wir daran getan haben, den Sirenengesängen nicht zu folgen, die uns nach 1989 einflüstern wollten, die Nato sei ein überflüssiges Relikt und die Europäische Union zu teuer und zu kompliziert. Die Lebensklugheit und das politische Durchsetzungsvermögen des ersten deutschen Kanzlers gaben der Bundesrepublik ihren wichtigsten Anker in der Familie der demokratischen Nationen, und dieser Anker hält uns bis heute.

Wir sollten uns jedoch bewusst machen, dass es Anfang der 1950er Jahre, kurz nach dem Ende des Zweiten Weltkrieges, für die internationale Gemeinschaft durchaus keine Selbstverständlichkeit war, der Bundesrepublik Vertrauen entgegenzubringen. Die deutliche Positionierung der Bundesrepublik gegen die Sowjetunion und die Machthaber der DDR war nicht genug. Ein bloßer Uniformwechsel von der Wehrmacht zur 1955 gegründeten Bundeswehr hätte nicht in den Kreis der Demokratien zurückgeführt. Nicht nur Symbole und Abzeichen mussten ausgetauscht werden, das Denken musste sich ändern.

An dieser Stelle möchte ich an ein anderes, kleines, aber in der Wirkung hoch bedeutendes Vertragswerk erinnern, das Adenauer weitsichtig vorantrieb. Das Luxemburger Abkommen zwischen der Bundesrepublik, dem Staat Israel und der Jewish Claims Conference ist im Deutschen mit dem zweifelhaften Begriff der »Wiedergutmachung« verbunden. Im Englischen heißt es »Reparations Agreement«, im Hebräischen »Shilumim«, was einfach »Abkommen über Zahlungen« bedeutet. Das spiegelt, wie umstritten David Ben-Gurions Bereitschaft, direkt mit einer deutschen Regierung zu verhandeln, in Israel war. Von »Blutgeld« war die Rede. Es kam zu Protesten und Ausschreitungen. »Wiedergutmachen« ließ sich der Völkermord an den europäischen Juden damit keineswegs. Aber das Abkommen zeigte, dass die Bundesrepublik ernsthaft bereit war, Verantwortung zu übernehmen und den Überlebenden materiell zu helfen. Adenauer begründete die beträchtlichen Leistungen an Israel mit der Aufnahme der Flüchtlinge im jungen jüdischen Staat. Zugleich verpflichtete sich die Bundesregierung zu einer pauschalen Leistung an die Claims Conference und zu einer gesetzlichen Regelung der Vermögensrückerstattung sowie der individuellen Entschädigung der verfolgten Juden.

So kontrovers die Einigung in Israel war, so groß war auch der Widerstand in der Bundesrepublik. Das Institut für Demoskopie Allensbach hatte im September 1952 eine Umfrage veröffentlicht, in der nur 11 Prozent die Zahlungen befürworteten. Selbst in der eigenen Koalition hatte Adenauer keine Mehrheit. Er unterzeichnete schließlich in seiner damaligen Funktion als Außenminister persönlich den Vertrag. Abgeordnete der Koalition blieben der Abstimmung über die Ratifizierung entweder fern, enthielten sich oder stimmten dagegen. Die Abgeordneten der damals noch im Bundestag vertretenen KPD votierten ebenfalls mit Nein, wie auch die DDR wissen ließ, sich als »antifaschistischer« Staat in keiner Weise zu Zahlungen verpflichtet zu sehen. Das Luxemburger Abkommen bekam aber mit der Zustimmung der oppositionellen SPD die erforderliche einfache Mehrheit. So wurden durch Adenauers Initiative und durch verantwortungsbewusste Parlamentarier von Regierungs- und Oppositionsfraktionen die Weichen gestellt für die Aufnahme diplomatischer Beziehungen zwischen Deutschland und Israel im Jahr 1965.

Es waren die ersten Schritte einer politischen Annäherung, die nicht weniger als ein Wunder und für uns Deutsche bis heute ein kostbares Geschenk ist. Das Luxemburger Abkommen hatte große Auswirkungen auf das Bild, das sich die Welt von den Deutschen machte. Es beruhte auf einem moralischen Entschluss, der gegen erhebliche Widerstände im eigenen Land durchgesetzt wurde. Auf diesem Weg der deutsch-jüdischen, bundesrepublikanisch-israelischen Wiederannäherung, aus der mit den Jahren Solidarität, Vertrauen, sogar menschliche Versöhnung entstehen konnten, hat die Bundesrepublik ein gutes Stück zu sich selbst gefunden – und in die Wertegemeinschaft der demokratischen Staaten hinein.

Aufarbeitung der Vergangenheit

Ich will noch eine Weile bei der Auseinandersetzung der Bundesrepublik mit den Opfern des NS-Regimes bleiben. Denn hier liegt, davon bin ich fest überzeugt, ein wesentlicher Schlüssel für die innere Demokratisierung, die noch zu leisten war. Im Juli 2018 stand ich an dem sehr massiven Block des Rednerpults in der Frankfurter Paulskirche. Links neben mir, lebensgroß, als stünde auch er dort, die Schwarz-Weiß-Fotografie eines verletzlich, ja verletzt wirkenden Mannes, weißer Haarkranz und schwere Hornbrille, der seine Schulter an einer Wand abstützt, wie um Halt und Rückenstärkung bemüht. Fünfzig Jahre zuvor war er gestorben, im Alter von nur 64 Jahren, der Jurist Fritz Bauer, der für die Aufarbeitung der deutschen Verbrechen an den Juden und damit für die geistige Verfassung der Bundesrepublik eine so überragende Rolle spielte.

Als ich dort zu seinem Gedenken sprach, empfand ich das starke Bedürfnis, nicht nur in meinem eigenen, sondern ganz bewusst im Namen Deutschlands die Verbundenheit deutlich zu machen, die wir Fritz Bauer schuldig sind. Und zugleich wurden mir die Worte schwer, weil ich wusste, wie wenig Anerkennung die Deutschen ihm zu Lebzeiten gezollt hatten. Im Gegensatz zu Globke, Gehlen und anderen, die dem NS-Staat gedient hatten, wurde der von den Nazis verhaftete jüdische Jurist, der nach Dänemark geflohene, von dort vor der drohenden Deportation nach Schweden entkommene Emigrant, der 1949 in den deutschen Justizdienst zurückgekehrt war, zu seinen Lebzeiten von keinem Bundespräsidenten geehrt. Als einer der wenigen Staatsanwälte, die Verbrechen und Schuld nicht ad acta legten, sondern vor Gericht brachten, wurde er sogar als Verräter verleumdet, und die Angriffe ebenso wie die Einsamkeit im Kollegenkreis haben ihm Verletzungen zugefügt. Verbittert sagte er dazu: »Wenn ich mein Büro verlasse, betrete ich Feindesland.« Die Straflosigkeit der Täter war für ihn eine Verhöhnung der Opfer. So konnte es nicht bleiben – eine klare und im Ringen um das Recht notwendige Haltung.

Fritz Bauer führte als Generalstaatsanwalt in Braunschweig die Anklage im sogenannten Remer-Prozess 1952. Otto Ernst Remer war am 20. Juli 1944 als Kommandeur des Berliner Wachbataillons an der Verhaftung der Widerständler um Stauffenberg beteiligt gewesen und von Hitler zum General befördert worden. 1950 zählte er zu den Gründern der neonazistischen Sozialistischen Reichspartei und nannte die Hitler-Gegner Landesverräter, die, soweit sie noch lebten, vor ein deutsches Gericht gehörten. Bauer erreichte nicht nur die Verurteilung Remers wegen Beleidigung und Verunglimpfung des Andenkens Verstorbener, sondern damit zugleich eine Wende in der öffentlichen Bewertung des Widerstands vom 20. Juli. Ohne Fritz Bauer wäre auch Adolf Eichmann nicht zur Rechenschaft gezogen und nicht in Jerusalem vor Gericht gestellt worden. Es war seine wohl umstrittenste Entscheidung, da er die ihm Ende der 1950er Jahre zugespielte Information über Eichmanns Aufenthaltsort in Argentinien an Israel weitergab, statt eine Auslieferung in die Bundesrepublik zu beantragen, die er mangels Unterstützung der Behörden für aussichtslos hielt.

Der Remer-, der Eichmann-Prozess und dann die juristische Aufarbeitung der Verbrechen in den Vernichtungslagern im Auschwitz-Prozess in Frankfurt am Main, den Bauer erst möglich gemacht hatte, waren öffentliche Ereignisse, deren Wahrnehmung und Kommentierung ein Bewusstsein für die organisierte Grausamkeit der Verbrechen schuf. Während in der DDR Antisemitismus und Judenmord Tabuthemen blieben, zumindest soweit man den Eliten der Bundesrepublik nicht die Schuld geben konnte, veränderte das Frankfurter Verfahren die Republik und ermöglichte ganz maßgeblich eine neue Kultur im Umgang mit der Vergangenheit, die nicht mehr verschwieg und verdrängte, sondern fragte und wissen wollte. Martin Walser veröffentlichte in der ersten Ausgabe von Hans Magnus Enzensbergers Zeitschrift *Kursbuch* 1965 den einflussreichen Text »Unser Auschwitz«. Gerade weil Walsers Name so eng mit seiner Paulskirchenrede von 1998 und dem Wort von der »Moralkeule Auschwitz« verbunden ist – eine Äußerung, die er später bedauerte –, gerade deshalb möchte ich an den Walser des Jahres 1965 erinnern. Im Gerichtsverfahren, schrieb Walser im Jahr des Auschwitz-Prozesses, laufe Geschichtsforschung mit, »Enthüllung, moralische und politische Aufklärung einer Bevölkerung, die offenbar auf keinem anderen Wege zur Anerkennung des Geschehenen zu bringen war«. Als Jurist, der nach Fritz Bauers Tod ausgebildet wurde, bin ich zudem fest davon überzeugt, dass er den Rechtsstaat der Bundesrepublik tiefer und stärker in der Werteordnung unseres Grundgesetzes verwurzeln half und zeigte: Eine Demokratie kann ohne den Rechtsstaat nicht bestehen.

Gesellschaftliche Öffnung

Ich habe von der mangelnden inneren Beteiligung der Westdeutschen an ihrer Demokratie gesprochen. Doch allmählich begann sich etwas zu bewegen. Eine fast poetische Beschreibung dieser Zeit fand Gustav Heinemann, der als Bundespräsident selbst ein Symbol der Veränderungen war: »Es ist, als ob ein seit langem angestautes Verlangen nach persönlicher Mitbestimmung und Mitgestaltung plötzlich wie ein Frühlingswind ausgebrochen wäre, der alle Einrichtungen und Organisationen durchfegt und nichts ungeschoren läßt.«[5] An den Abendbrottischen, in den Schulen und Betrieben und natürlich an den Universitäten begannen sich Machtverhältnisse zu verändern, wurden Autoritäten infrage gestellt, Verbote nicht mehr einfach hingenommen.

Über die Studentenbewegung mit dem Kulminationspunkt des Jahres 1968 ist viel gesagt worden. Nach meinem Eindruck verstellt ihr bereits auf Medienecho berechneter Aktionismus ein wenig den Blick auf die demokratischen Leistungen, die schon zuvor erbracht wurden und von denen sie dann profitierte. Teilweise blieb sie sogar dahinter zurück. Unter den Köpfen, die von der Studentenbewegung als Vordenker betrachtet wurden, scheuten sich einige nicht, die Institutionen der gerade erst errungenen Demokratie von links zu denunzieren. Wer heute die damals weit verbreitete Kritik der parlamentarischen Demokratie von Johannes Agnoli noch einmal zur Hand nimmt, wird sich wundern, wie viel davon heute fast wortgleich in Pamphleten rechtsnationaler Parteien wiederauftaucht. Das waren ganz sicher Irrwege, die wir nicht unter den Tisch fallen lassen sollten, wenn wir uns an den Beitrag der 1968er zur gesellschaftlichen Demokratisierung erinnern. Und doch: Wie groß war die Zahl der Studentinnen und Studenten, die

---

[5] Gustav W. Heinemann, »Der mündige Bürger in Staat und Gesellschaft, Ansprache zur Verleihung des Theodor-Heuss-Preises 1973«, in: ders., *Allen Bürgern verpflichtet. Reden und Schriften 1*, Frankfurt am Main: Suhrkamp 1975, S. 263-269, S. 264.

in dieser Zeit ganz zu Recht für Solidarität mit den Menschen eintraten, die in Griechenland, Portugal, Spanien oder im Iran unter Diktaturen lebten, die für Selbstbestimmung und Gleichberechtigung die Stimme erhoben!

Die Gesellschaft hatte sich aus dem Schatten des »Dritten Reiches« gelöst. Daran wirkten unabhängiger werdende Medien mit. Bei der *Spiegel*-Affäre von 1962 ging es nicht nur um die Selbstbehauptung eines investigativen Magazins gegen den Vorwurf des Landesverrats. Wir müssen heute ja geradezu schmunzeln, dass ein Artikel über die mangelhafte Ausrüstung und Einsatzfähigkeit der Bundeswehr einmal das Zeug zu einer Staatskrise hatte. Wir bewerten so etwas eben nach einem ganz anderen Koordinatensystem. Nicht die Zeitung, die Fakten recherchiert und berichtet, sondern die Regierung, die sie verantwortet, muss sich rechtfertigen. Die Anklage vor dem Bundesgerichtshof fiel in sich zusammen – ein Lehrstück für die Freiheit der Presse überhaupt und für die Unabhängigkeit der Justiz. Als *Spiegel*-Herausgeber Rudolf Augstein nach mehr als hundert Tagen Untersuchungshaft erhobenen Hauptes das Gefängnis verließ, war das Selbstbewusstsein der Journalisten gestärkt.

An der inneren Liberalisierung Deutschlands hatte natürlich die Kultur ihren Anteil, Theater, Film und Literatur, gar nicht zu überschätzen die Internationale der Musik, der Jazz, der Blues, Beat und Rock. Ich habe es selbst erfahren. Die improvisatorische Kraft des Jazz ist für mich immer ein faszinierender Inbegriff freier Ausdrucksform geblieben. Kein Wunder, dass ein autoritäres Deutschland ihn mit Gift und Galle bekämpfte. In einem freien Deutschland hingegen konnte meine Generation mit ihm erwachsen werden. Mit der Rockmusik wurden die nach 1945 Geborenen ganz selbstverständlich groß, und sie transportierte mit der Individualisierung der Leidenschaften vieles von der Protestkultur der 1960er Jahre, die nicht nur in West-, sondern auch in Osteuropa, nicht nur in West-, sondern auch in Ostdeutschland Resonanz fand.

Endlich bewegte sich auch etwas für die Frauen. Langsam zwar, zäh und gegen viele Widerstände – doch aufrechterhalten ließ sich die Ungleichbehandlung in einer demokratischen Gesellschaft auf Dauer nicht. Von zahllosen Hürden und frauenfeindlichen Attitüden berichten die Pionierinnen der bundesrepublikanischen Politik, die in Parteien und im Bundestag zu lange einen zu einsamen Kampf ausfechten mussten. In den ersten Bundestag zogen nur 28 Parlamentarierinnen ein, weniger als 7 Prozent – in der Nationalversammlung der DDR, wo die Gleichstellung von Frauen zum sozialistischen Programm gehörte, waren es 1950 schon fast ein Viertel. 1961 wurde in Westdeutschland die Christdemokratin Elisabeth Schwarzhaupt erste Bundesministerin, 1972 die Sozialdemokratin Annemarie Renger erste Bundestagspräsidentin, gefolgt in diesem Amt 1988 von Rita Süssmuth von der CDU. Sabine Bergmann-Pohl war als Präsidentin der ersten frei gewählten Volkskammer 1990 für wenige Monate das letzte Staatsoberhaupt der DDR. Dass nach der Wiedervereinigung selbstbewusste ostdeutsche Frauen, für die Erwerbstätigkeit und Kinderbetreuung zum Alltag gehört hatten, ein modernes Rollenmodell zeigten, hat der Gleichberechtigung im wiedervereinigten Deutschland einen ordentlichen Schub gegeben. Drei Jahre später wurde in Schleswig-Holstein mit Heide Simonis erstmals eine Frau Ministerpräsidentin. Jutta Limbach wurde 1994 die erste Präsidentin des Bundesverfassungsgerichts. Als nordrhein-westfälische Ministerpräsidentin wurde Hannelore Kraft 2010 die erste Präsidentin des Bundesrates. Seit 2005 hatten wir mit Angela Merkel die erste Frau im mächtigsten Amt der Republik, die erste Kanzler*in*. Sie regierte sechzehn Jahre und prägte mit gelassener Selbstverständlichkeit einen Stil weiblicher Macht, der nun anderen Frauen bei ihrem Anspruch nicht nur auf politische Teilhabe, sondern auf einflussreiche Leitungspositionen hilft. Ja, von allen Verfassungsorganen ist das Amt des Bundespräsidenten das einzige, das noch nie von einer Frau ausgeübt wurde. Die nächste Bundesversammlung hat es in der Hand.

Wenn wir uns heute fragen, was uns geprägt hat, ist die gesellschaftliche Liberalisierung sicherlich an vorderer Stelle zu nennen. Die Menschen haben angefangen, die Demokratie beim Wort zu nehmen, Gleichberechtigung und Mitsprache einzufordern. Viele Generationen hatten daran ihren Anteil. Es war nicht nur das Aufbegehren einer kritischen Jugend in den 1960er Jahren, es war am Ende auch die Versöhnung mit der Lebenserfahrung der 1945er, jener skeptischen, vielfach desillusionierten Generation zwischen Nationalsozialismus und Demokratie.

Neue Verbindungen zwischen West und Ost

Die Protestzeit, oder besser, die neuen sozialen Bewegungen, sowohl die Umwelt- wie auch die Friedensbewegung, gab es auf beiden Seiten der Mauer. Natürlich unter ganz unterschiedlichen Bedingungen. Während sich im Westen die Aktivisten frei organisieren und den »Marsch durch die Institutionen« antreten konnten, waren sie in der DDR als Staatsfeinde markiert und ständig von Repression bedroht. Doch mir geht es hier um etwas anderes, die Tatsache nämlich, dass neue Verbindungen zwischen West und Ost entstanden. Ausgehend von Gefahren, die als existenziell empfunden wurden, wuchs eine gemeinsame politische Erfahrung heran. Ist uns das heute überhaupt noch bewusst?

Im Westen verbanden sich Warnungen vor der Selbstzerstörung der Menschheit mit einem postmateriellen Lebensgefühl, das zugleich die Saturiertheit wie die Oberflächlichkeit der Wohlstandsgesellschaft kritisierte. Das war aber nicht alles. Die Umweltkatastrophen zeigten ja deutlich genug, dass es sich nicht um eine fixe Idee von Esoterikern handelte. Die Chemieunfälle von Seveso und Bhopal, die Havarie des Öltankers Amoco Cadiz, später der Exxon Valdez, die Reaktorunfälle von Harrisburg und Tschernobyl schockierten viele Menschen und führten lange vor den heutigen Klimaprotesten zu einer politisch organisierten Umweltbewegung. Die Anti-Atomkraft-Bewegung war in der Bundesrepublik die vielleicht einflussreichste Kampagne. Die Massendemonstrationen und auch die harten Polizeieinsätze nicht nur am geplanten Endlager im niedersächsischen Gorleben oder am Baugelände der projektierten Wiederaufbereitungsanlage im bayerischen Wackersdorf stellten den gesellschaftlichen Frieden infrage. Diesen schweren Konflikt hat erst die im Jahr 2000 geschlossene Vereinbarung zum Ausstieg aus der zivilen Nutzung der Kernenergie überwunden.

Zu solchen offenen Protestszenen konnte es in der DDR nicht kommen, doch die existenzielle Gefährdung der menschlichen Gesundheit wirkte sich auch dort auf die Politik aus. Die sterbenden Wälder im Erzgebirge, die belasteten Böden und praktisch toten Gewässer, Quecksilber, Blei, Zink in den Flüssen, die Vergiftung der Atemluft in Bitterfeld ließen sich durch keine Unterdrückungsmaßnahme verbergen. Die DDR galt in den 1970er Jahren als das Land mit der höchsten Schwefeldioxid-Belastung der Welt. Atemwegserkrankungen, Hautausschlag nahmen zu. So konkret waren die Gründe, aus denen sich Menschen in Gruppen zusammenschlossen, oft in Verbindung mit der Kirche, um ökologische Arbeitskreise zu etablieren und die Zerstörungen zu dokumentieren. In der Berliner Zionskirche wurde die Umwelt-Bibliothek eingerichtet. Dieses Engagement mündete schließlich ein in die größere Systemopposition. Wer jedenfalls heute so tut, als sei die »grüne« Politik aus dem Westen gekommen und den Ostdeutschen wie ein Fremdkörper aufgezwungen worden, der muss sehr vergesslich sein.

Kritische Köpfe tauschten sich grenzüberschreitend aus. Der Ruf, dem Frieden eine Chance zu geben, elektrisierte eine jüngere Generation in West- wie auch in Ostdeutschland. Dadurch gewann der Protest eine neue Qualität und Bedeutung, etwa wenn Joan Baez oder Rudi Dutschke bei Wolf Biermann in Ostberlin in der Chausseestraße zu Besuch waren oder dieser auf Einladung westdeutscher Studenten mit Wolfgang Neuss im Westen auftrat.

Das Bibelzitat »Schwerter zu Pflugscharen« verwendeten in der DDR zuerst evangelische Pfarrer, und zwar an Gräbern der im Zweiten Weltkrieg Gefallenen. Es entstand, unter starkem Beobachtungsdruck der Stasi, eine unabhängige Bewegung von Friedensgottesdiensten und friedensorientierter Gemeindearbeit. Über die Kirchen blieben die Friedensbewegungen der DDR und der Bundesrepublik verbunden. Die Forderungen glichen sich: Abzug aller Atomwaffen aus der Mitte Europas war die wohl prominenteste. Beachtlich im Osten, weil sie entgegen der SED-Propaganda die sowjetische Hochrüstung einbezog. Das Motto »Frieden schaffen ohne Waffen«, das einer Erklärung des internationalen Ökumenischen Rates der Kirchen entlehnt war, war in beiden Teilen Deutschlands verbreitet. Aus den Friedensinitiativen gingen die Montagsgebete in der Leipziger Nikolaikirche hervor, aus denen wiederum die Montagsdemonstrationen wurden. Aus der Forderung nach Abrüstung wurde die Losung »Für ein offenes Land mit freien Menschen«. Die friedenspolitischen Wurzeln des Protests waren eine wesentliche Ursache für die Gewaltlosigkeit der Revolution von 1989.

Ich frage mich, warum wir diese Erfahrungen einer

starken – und letztlich erfolgreichen – zivilgesellschaftlichen Bewegung für Bürgerrechte und Demokratie, gegen Drohung, Hass und Gewalt heute nicht wieder stärker aufrufen. In Zeiten, in denen allerorten ein Gefühl der Ohnmacht grassiert, in denen Pessimismus die Menschen lähmt, können diese Erfahrungen Mut machen. Es sind gemeinsame Erfahrungen aus Ost und West.

Orientierung zum Frieden

Nach dem Epochenbruch des 24. Februar heißt es mancherorts, wir müssten nun endlich liebgewonnene Gewohnheiten und überkommene Verzagtheiten ablegen. Vergesst nicht unsere Geschichte!, möchte ich daraufhin den Jüngeren zurufen.

Ich habe bereits beschrieben, wie für die Zeit nach 1945 die Losung »Nie wieder Krieg« von der grausamen Vergangenheit bestimmt war. Seit den 1960er Jahren kam die Politik der Entspannung hinzu, die das westliche Bündnis, inspiriert von John F. Kennedy, insgesamt verfolgte. Es ging um die Suche nach einer Ordnung für Europa, die dauerhaft einen stabilen Frieden schaffen könnte. Aber diese Ordnung hatte Voraussetzungen, und für die Deutschen einen Preis: die Anerkennung der Nachkriegsgrenzen. Es war eine hochemotionale Frage, die an unsere Identität rührte, die auch meine eigene Familie aufwühlte, in der meine Großmutter, meine Mutter, ihre Schwester und deren Töchter betroffen waren. Sie hatte es aus Schlesien ins Lippische verschlagen, und sie sollten nun endgültig ihre Heimat preisgeben.

Als Resultat des Zweiten Weltkrieges hatte Deutschland ein Viertel seines Staatsgebietes verloren. Aus Königsberg war Kaliningrad, aus Breslau war Wrocław, aus Stettin war Szczecin geworden. Fast sieben Millionen Deutsche waren geflüchtet oder vertrieben worden, 600 000 hatten dabei den Tod gefunden. Das Schicksal der Heimatvertriebenen aus dem Osten gehört zu den katastrophalsten Folgen des Nationalsozialismus für die Deutschen selbst. Es war eine Wunde des Verlusts von Kultur und Identitäten, die jahrzehntelang nicht heilen wollte.

Die Geschichte wäre aber nur halb und deshalb falsch erzählt, würde man nicht den Verlust mit ins Bild holen, den Polen selbst an seinen eigenen Ostgebieten erlitt. Sein Territorium wurde westwärts verschoben, um die Sowjetunion mit den ostpolnischen Gebieten für die Verluste des Krieges zu entschädigen, so hatte es Stalin den Alliierten auf der Konferenz von Teheran abgerungen. Hunderttausende Polen wurden in Richtung Westen zwangsumgesiedelt, Polen, die 1939 die ersten Opfer des deutschen Angriffs- und Vernichtungskrieges gewesen waren. Zwischen fünf und sechs Millionen Polen, darunter der Großteil der polnischen Juden, waren ihm schließlich zum Opfer gefallen. Die Sowjetunion hatte unfassbare 25 Millionen Tote zu beklagen. Wie könnten die Deutschen das nach 1945 jemals vergessen?

Jeder Gedanke an Revanche, an irgendeine Revision der Grenzen musste jedenfalls in einen neuen Albtraum münden. In der Bundesrepublik forderten intellektuelle und politische Köpfe, sich dieser Frage zu stellen. Carl Friedrich von Weizsäcker verband im »Tübinger Memorandum« 1961 die Forderung nach Abrüstung mit der Anerkennung der Oder-Neiße-Grenze. Heinrich Böll und viele andere Schriftsteller sind zu nennen. Bedeutend war die ostpolitische Denkschrift der evangelischen Kirche von 1965, die das Heimatrecht mit dem Versöhnungsgebot relativierte und eine »Wiederherstellung alten Besitzstandes« für unmöglich erklärte. Auch diese oft scharf geführten Debatten haben die Bundesrepublik demokratisch reifen lassen. Die Anerkennung der Grenzen, der »Verzicht« auf die Ostgebiete, wie es damals hieß, erforderte gewissermaßen, wie Ralf Dahrendorf das nannte, die »Selbstanerkennung« der Bundesrepublik. Sie musste den Phantomschmerz des Verlorenen überwinden, aus dem Bewusstsein, bloß Provisorium zu sein, heraustreten und in eigener Sache politikfähig werden.

Wie schwer das vielen fiel, zeigte die zum Teil scharfe Kritik an Willy Brandts Absicht, die Ostgrenze anzuerkennen. In einer Westberliner Zeitung hieß es sogar, er befördere »die Rechte der Ostdeutschen auf Heimat und Selbstbestimmung auf den Müllhaufen der Geschichte«. Am 7. Dezember 1970 kniete Brandt in Warschau vor Nathan Rapoports Denkmal, das dem jüdischen Volk gewidmet ist und an die Opfer des Aufstandes im Warschauer Getto erinnert. Dieser Moment hat eine ganze Generation geprägt, auch mich, der ich gerade konfirmiert war und neugierig in die Welt schaute. Jahrzehnte später, zum 80. Jahrestag des Gettoaufstandes, stand ich mit dem polnischen Präsidenten Andrzej Duda und dem israelischen Präsidenten Jitzchak Herzog an diesem Ort, der auch heute nichts von seiner politischen Bedeutung verloren hat. Nie empfand ich so stark wie in diesem Moment, was für unsere Länder auf dem Spiel steht und warum wir die partnerschaftliche Verbindung miteinander bewahren müssen. Der politische Wille darf nicht erlahmen. Damals, als Brandt in Warschau kniete, bat er ohne Worte um Verzeihung, auch ohne Berechnung, denn geplant war lediglich die Routine einer Kranzniederlegung. In seinen Erinnerungen schrieb er: »Am Abgrund der deutschen Geschichte und unter der Last der Millionen Ermordeten tat ich, was Menschen tun, wenn die Sprache versagt.« Dass er es im Namen der Deutschen – und nicht nur der Westdeutschen – tat, konnte Vertrauen in ein anderes Deutschland begründen.

Die Ratifizierung der Ostverträge im Deutschen Bundestag 1972 wird im Rückblick gern als Sternstunde unserer Demokratie bezeichnet. Die heftigen Auseinandersetzungen im Parlament, die von Februar bis Mai dauerten, gehören tatsächlich zu den Momenten, in denen die freie Rede und die Offenheit der Abstimmung vor aller Augen sichtbar machte, welche politische Kraft der parlamentarischen Demokratie innewohnt. Der Streit war erbittert, Abgeordnete traten aus den

Regierungsfraktionen aus, die Opposition wollte den Kanzler aus dem Amt heben. Das Misstrauensvotum scheiterte, die Ratifizierung gelang. Mit ihr entstand ein neuer außenpolitischer Konsens, den die Wähler in der im November desselben Jahres folgenden Bundestagswahl bestätigten und den Helmut Schmidt, aber auch Helmut Kohl und Außenminister Hans-Dietrich Genscher beibehielten.

Die Ostverträge entwarfen die Architektur einer Friedensordnung für Europa. Sie waren der zentrale Beitrag unseres Landes dafür, dass ein Ausweg aus der Gewaltgeschichte gefunden werden konnte. Diesen Schritt sind wir aus eigenem Entschluss gegangen. Es war kein Entschluss aus Schwäche, sondern aus historischer Einsicht, er gab keine nationalen Interessen preis, sondern bestimmte sie neu und schuf die Voraussetzung für eine deutsche Einheit, die im Frieden mit den europäischen Nachbarn erreicht werden konnte.

Diese europäische Friedensordnung liegt heute in Schutt und Asche. Und zwar nicht, weil sie falsch konstruiert war, sondern weil Russland ihre Prinzipien gebrochen hat. Ein Haus, das einstürzt, weil jemand einen Sprengsatz legt, hatte nicht schon allein deshalb den falschen Bauplan. Nein, gerade der russische Angriffskrieg gegen die Ukraine zeigt uns doch, dass eine Welt, in der aggressive Territorialansprüche und die gewaltsame Revision von Grenzen wieder zum Mittel der Politik werden, keine sichere Welt ist. Wo völkerrechtlich anerkannte Grenzen, auf die sich alle Staaten verständigt haben, von einem Staat verletzt werden, weil er seine imperiale Gier befriedigen will, sind die anderen aufgerufen, ihn in die Schranken zu weisen. Neue Sicherheit kann erst entstehen, wenn das Völkerrecht nicht preisgegeben, sondern verteidigt wird. Frieden, der eine Chance auf Dauer haben soll, darf nicht durch Gewalt und Erniedrigung erzwungen werden.

Wehrhaftigkeit und Bündnistreue hat die Bundesrepublik immer nötig gehabt. Dass 1989 Freiheit und Demokratie sich durchsetzen konnten, wäre ohne die Stärke des westlichen Bündnisses und die Fähigkeit zur Abschreckung nicht denkbar gewesen. Eine Erinnerung, die heute im Angesicht des russischen Krieges umso wichtiger ist.

Doch warum sollte man angesichts des Krieges den Glauben an die Möglichkeit des Friedens diskreditieren? Ich spreche von der *Orientierung* zum Frieden, weil politische Praxis weiß, wie oft der äußere Frieden außerhalb unserer unmittelbaren Handlungsmacht liegt. Wir können nur an den Bedingungen arbeiten, die ihn möglich machen. Dass er jedoch für uns Deutsche der Horizont, die leitende Idee und das Ziel unserer Anstrengungen bleiben muss, ist für mich unumstößlich. »Wer die Hoffnung auf Frieden aufgibt, kapituliert vor dem Krieg«, sagte der Hannoveraner Landesbischof Ralf Meister anlässlich des Weihnachtsfestes 2023. Nicht immer ist der Konflikt abwendbar, nicht immer ist Frieden sofort realisierbar. Aber er muss doch das Ziel der Politik bleiben. Der Realität des Krieges zum Trotz. Der Begriff des Friedens darf gerade in Europa nie wieder zum politischen Schimpfwort werden.

Ein europäisches Deutschland

Europa! – Warum erst an dieser Stelle, warum nicht gleich als Auftakt eines Kapitels, das fragt, welche Erfahrungen uns geprägt haben? Weil wir uns als Deutsche heute nicht hinter Europa verstecken können. Es hat in den Jahrzehnten nach 1945 immer wieder eine solche Tendenz gegeben. Für viele, die sich nach den Abgründen des Zweiten Weltkriegs nicht vorstellen konnten, sich jemals wieder positiv auf ihr deutsches Heimatland zu beziehen, bot die europäische Identität eine willkommene Zuflucht. Was war das auch für eine Erfolgsgeschichte, die Aussöhnung und das Vertrauen, das insbesondere zwischen Deutschland und Frankreich, den ehemaligen »Erbfeinden«, innerhalb weniger Jahre wachsen konnte! Als »gute Europäer« schienen wir auf der sicheren Seite zu sein.

Dieses Bedürfnis, in Europa eine Ersatzidentität zu finden, hat zu Missverständnissen geführt. Denn wo wir die Idee eines europäischen Deutschland im Sinn hatten, da gab es bei anderen Nationen zuweilen das Misstrauen, wir würden eigentlich ein deutsches Europa meinen. Richtig ist, Deutschland kann nicht in Europa aufgehen, wie sich ein Stück Zucker in der Tasse Tee auflöst. Aber es kann und soll in Europa eingebettet und verankert sein. In diesem Sinne ist unsere Identität als Europäer eine Bereicherung und als Überwindung des Nationalismus ein historischer Fortschritt.

Europa hat uns in den vergangenen acht Jahrzehnten politisch geprägt. Die europäische Einigung ist für uns als eine Geschichte der Verflechtung der Bundesrepublik mit ihren Nachbarn zu einer zweiten Natur geworden. Natürlich ging es um Friedenssicherung, aber die praktischen Ansätze dazu suchte man anfangs in der Wirtschaft. Der ökonomische Wiederaufbau nach dem Krieg war der Imperativ, ob Marshall-Plan, Währungsreform oder eben Schuman-Plan und Anschluss an die Märkte der westlichen Industrienationen. Vor allem die USA drängten darauf, Westdeutschland wirtschaftlich zu stabilisieren. In der sowjetischen Besatzungszone war es anders. Bis in die 1950er Jahre wurden Tausende Fabriken demontiert, die Industrie schrumpfte um ein Drittel. Die Ostdeutschen leisteten viel, damit ein Neuaufbau gelang, zahlten jedoch einen hohen Preis für den Krieg.

Die Integration Westdeutschlands in die europäischen Märkte hingegen geschah mit einem atemberaubenden Tempo. Der Zufluss von Kapital, Rohstoffen und Verbrauchsgütern, die Freigabe der Marktwirtschaft in Kombination mit der Leistungsfähigkeit der Unternehmen verbesserten rasch die Versorgung der Bevölkerung und stärkten die Legitimation des neu entstehenden Staates. Die Bundesrepublik war eben ganz wesentlich auch ein wirtschaftliches Erfolgsmodell, das Demokratie und Wohlstand verbinden wollte und immer mehr verbinden konnte. Überhaupt denke ich, dass wir das ungeheure Arbeitsethos von Millionen Deutschen, die aus der Not herauswollten, beachten und auch würdigen müssen. Bald kamen Arbeitskräfte aus Südeuropa und der Türkei hinzu, weil die deutschen nicht mehr ausreichten. Arbeit und Einkommen der einen trugen zum Wohlstand der anderen bei. Alle gemeinsam waren sie die Leistungsträger und die Aufbaugeneration des Landes. Das Neue, das die europäische Integration brachte, war die Tatsache, dass ein deutsches »Wirtschaftswunder« den europäischen Nachbarn nun nicht länger als bedrohlich erscheinen musste.

Ein gemeinsamer Markt versprach *gemeinsamen* Wohlstand. Eine wirtschaftliche Entwicklung, bei der nicht der eine zulasten anderer, sondern alle in verbundener Stärke gewinnen würden, sollte die nationalen Feindbilder auflösen. Dieses überragend wichtige Ziel stand Helmut Kohl und dem französischen Staatspräsidenten François Mitterrand vor Augen, als sie gemeinsam den europäischen Binnenmarkt vorantrieben. Tatsächlich folgte die politische Einigung der wirtschaftlichen nach und bildete Schritt für Schritt die exekutiven, monetären, legislativen und judikativen Institutionen eines festen Staatenverbundes aus, den es in der politischen Geschichte Europas nie zuvor gegeben hat. Keine Auflösung der Nationen in einem neuen Bundesstaat, wie manche hofften, andere befürchteten, sondern ein Staatenverbund, aber was für einer! Seit dem Vertrag von Maastricht 1992 unter dem Namen der Europäischen Union, mit eigener Verfassung, eigenem Parlament, mit Flagge und Hymne, mit eigener Währung, der zwanzig ihrer Mitglieder beigetreten sind, mit Freizügigkeit und offenen Binnengrenzen. Nach den USA und China heute die drittgrößte Wirtschaftsmacht der Welt, die global beachtet wird, wenn sie gemeinsame Regeln setzt. Kein europäischer Mitgliedstaat kann diese Bedeutung auf eigene Rechnung gewinnen, erst recht nicht heute. In einer Zeit geopolitischer Veränderungen und angesichts des Aufstiegs neuer Mächte kann kein Mitgliedstaat der EU seinen Einfluss behaupten, wenn dahinter nicht das ganze europäische Gewicht steht.

Viele, die heute über Europa reden, reden über europäische Krisen. Ja, Krisen haben die europäische Einigung von Anfang an begleitet und mehr als einmal zu neuen Wegen gezwungen. Die Europäische Verteidigungsgemeinschaft scheiterte 1954 in der Französischen Nationalversammlung. 1963 blockierte Charles de Gaulle den Beitritt Großbritanniens, und als es dann endlich Mitglied war, forderte Premierministerin Margaret Thatcher 1979 britische Beitragszahlungen zurück. 1992 lehnten die Dänen den Vertrag von Maastricht ab und bekamen Ausnahmeregelungen zugestanden. Gegen den Vertrag von Nizza votierten 2001 die Iren, und man vereinbarte ein Zusatzprotokoll. Als der Euro eingeführt wurde, waren nicht alle dabei. In lebhafter Erinnerung sind uns die 2005 in Frankreich und den Niederlanden gescheiterten Volksabstimmungen über die EU-Verfassung, was zu den Beschlüssen von Lissabon führte, die den Charakter eines Verfassungsvertrages hatten und 2009 in Kraft treten konnten. Und kaum war diese Klippe umschifft, geriet die Eurozone in den Strudel der Finanzmarktkrise, konnte aber mit dem Handeln der Europäischen Zentralbank und dem

Signal eines neuen Europäischen Stabilitätsmechanismus ein Zerbrechen abwenden.

Solche Krisen haben Europa nicht zu Fall gebracht. Eine Gefahr ist aber, dass wir die Überzeugung verlieren, eine Zugewinngemeinschaft zu sein, in der jedes Mitglied eine bessere Zukunft finden kann als im Alleingang. »In Vielfalt geeint« heißt die Losung der EU. »Gemeinsam stärker« würde ebenso passen. Es wäre ein Missverständnis anzunehmen, dass das politische Europa vor jeglichen Differenzen schützt. Europa meint nicht: von vorneherein einig. Jeder Staat hat seine Geschichte und seine Interessen. Aber europäische Politik bedeutet, dass wir Interessengegensätze auf zivile Weise lösen.

Mitte der 1950er Jahre geboren, bin ich als Kind der Nachkriegszeit davon überzeugt, die Einheit Europas ist eine herausragend bedeutende, kluge Antwort auf die Verheerungen zweier Weltkriege und eine großartige Vision. Manchmal eine anstrengende. Als ich vor Jahren in einer jener unzähligen Brüsseler Verhandlungsnächte saß, in denen um Halbsätze und einzelne Worte von Beschlüssen gerungen wurde, und nichts voranging, da sagte weit nach Mitternacht neben mir Jean-Claude Juncker: »Gut, dass das nur wenige erleben, die meisten würden an Europa verzweifeln. Aber weißt du, wenn jemand an Europa zweifelt, dann führe ihn auf einen europäischen Soldatenfriedhof.« Die Einheit Europas verbürgt den Frieden eines historisch von den verheerendsten Kriegen der Menschheit geschundenen Erdteils. Nirgendwo haben die Kriege mehr Opfer gefordert und wurden sie hemmungsloser, unter Aufbietung aller industriellen Potenziale geführt. Frieden auf einem solchen Kontinent ist für sich genommen bereits eine politische Botschaft der Hoffnung an die Welt.

Das geeinte Europa ist eine Gemeinschaft der freiheitlichen, rechtsstaatlichen Demokratien geworden. Griechenland, Spanien und Portugal konnten der Gemeinschaft erst beitreten, als die Diktaturen überwunden waren. Die Osterweiterung um Polen, Ungarn, die baltischen Staaten, Tschechien, die Slowakei und Slowenien, Bulgarien, Rumänien und Kroatien setzte voraus, dass dort die kommunistische Repression beendet, Meinungs-, Presse-, Wissenschaftsfreiheit, ein Rechtsstaat mit unabhängiger Rechtsprechung eingeführt wurden. Dieser Zusammenhang muss allen Europäern bewusst sein. Autoritäre Tendenzen, die demokratische Freiheiten und Rechtsstaatlichkeit infrage stellen, müssen wir innerhalb der EU bekämpfen. Sie sind ein Verrat an der Gründungsgeschichte der Union.

Globalisiert, aber keine globale Macht

Deutschlands Rückkehr auf die internationale Bühne nach dem Zweiten Weltkrieg geschah in Gestalt von Fahrzeugen, Maschinen, Turbinen, Chemie- und Pharmaprodukten. Lange bevor sich die politischen Handlungsspielräume weiteten, hatte sich die Bundesrepublik als erfolgreiches Exportland mit industrieller

Spitzentechnologie Respekt verschafft. Auch die DDR erarbeitete sich den Status eines Industriestaates. Doch mit der Rückenstärkung des Westens, mit den Industriezentren vor allem an Rhein und Ruhr, in Bayern und Baden-Württemberg gelang es der Bonner Republik, auf den Märkten der Welt unangefochten »Made in Germany« zu vertreten.

In den 1980er Jahren wurde die Bundesrepublik erstmals »Exportweltmeister«. Der Stolz auf den ökonomischen Erfolg war schon in den Jahrzehnten zuvor beträchtlich. Die Wirtschaftsleistung ist zum Kernbestandteil bundesdeutscher Identität geworden. Sie befriedigte das Bedürfnis nach einem positiven Selbstbild und verlieh Prestige, wo es der schwierige, durch die deutsche Teilung fast unmöglich gewordene politische Begriff der Nation nicht konnte. Die Stärke der Wirtschaft erlaubte nicht zuletzt wachsenden internationalen Einfluss. Als Helmut Schmidt gemeinsam mit Valéry Giscard d'Estaing in der Zeit der Ölpreiskrise die Weltwirtschaftsgipfel initiierte, dachten sie dabei an ein informelles Treffen derer, die wirklich zählen in der Welt – und dies bemaß sich in ökonomischen Werten.

Der wirtschaftliche Erfolg der Bundesrepublik war jedoch immer untrennbar mit der internationalen Verflechtung verbunden. »Weltwirtschaft ist unser Schicksal«, nannte das Helmut Schmidt, der in einer Zeit Bundeskanzler war, als Wirtschafts- und Finanzkrisen auch die Schattenseiten dieser Integration deutlich machten. Dass man als Exportnation zwangsläufig auch von Kunden abhängig, unvermeidlich auch Importnation ist, das ist vielen weniger bewusst. Ohne den Import von Rohstoffen keine deutsche Industrieproduktion.

Erschütterungen hatte es schon in den 1970er Jahren mit dem Ölpreisschock und dem Zusammenbruch des Währungssystems von Bretton Woods gegeben. Im wiedervereinigten Deutschland begann dann eine kritische Auseinandersetzung mit der Globalisierung und ihren Folgen. Nicht immer wurde sie mit der notwendigen Genauigkeit geführt. Globalisiert zu sein empfinden viele gern als Gütesiegel kosmopolitischer Werte, aber weniger gern als ökonomische Grundlage ihrer Existenz. Für die Welt zu produzieren und sie kulturell zu entdecken ist angenehmer, als von ihrer Kaufkraft, Kaufbereitschaft, ihrer politischen und wirtschaftlichen Entwicklung, von den Preisen, die sie zu zahlen bereit ist, und von ihrem Öl, Gas und ihren Seltenen Erden abhängig zu sein.

Und doch sind es die zwei Seiten einer Medaille, die manche »Modell Deutschland« nennen. Wir sind in dem Maße den globalen Entwicklungen ausgesetzt, in dem wir für unseren Wohlstand von den globalen Märkten profitieren. Wir wachsen mit der Welt und sind einige Male mit ihr in die Rezession gegangen, so 2009 im Zuge der Finanzkrise und 2020 infolge der Coronapandemie. Diese Tatsachen sollten uns bewusster sein, als sie es bislang sind.

Deutschland ist keine globale Macht. Aber wir sind ein globalisiertes Land. Und wer extrovertiert wirtschaftet, der darf keine introvertierte Politik machen. Die Welt muss uns interessieren in all ihren Facetten. Wir können unsere Vorstellungen nicht weltweit durchsetzen. Aber wir sind von den Entwicklungen der Welt abhängig, und manches können wir durchaus beeinflussen.

Vor allem will ich hier denen unter unseren Landsleuten einen Denkanstoß geben, die sich von Nationalisten und Protektionisten einen Floh ins Ohr setzen lassen und von einem »Dexit«, dem Austritt Deutschlands aus der EU, schwadronieren: Ein Deutschland, das sich isoliert, das seine Grenzen hochzieht, das den Euro als gemeinsame Währung gefährdet, das sich gegen Freihandel und Wettbewerb wendet, was kann dieses Deutschland anderes sein als ein ärmeres Land? Ärmer an Wohlstand, aber auch schwächer an politischen Einflussmöglichkeiten, die wir – so wie es unserer Lage und unserem Interesse entspricht – nur im Bündnis mit anderen vergrößern können.

In einer Zeit, in der wir uns von Russland wirtschaftlich durch die Sanktionen trennen, die Putins Angriffskrieg erzwungen hat, und in der wir einseitige Abhängigkeiten gegenüber China verringern wollen, sind neue ökonomische und politische Partnerschaften mit Staaten in Südostasien, Zentralasien, Afrika und Lateinamerika erforderlich. Selbst wenn nicht alle diese Länder nach unseren Wertvorstellungen leben, gibt es doch einen Raum von gemeinsamen Interessen: die Achtung von internationalem Recht, Zugang zu Märkten, Handel von Rohstoffen, fairen Wettbewerb und Sicherheit von Investitionen sowie nicht zuletzt Fortschritte im Kampf gegen Klimawandel und Armut. Wir

Deutschen machen keine Weltpolitik, schon gar nicht auf eigene Rechnung. Aber als ein Partner, der in seinen Bündnissen nicht nur Stimme, sondern auch Vertrauen, auch Gewicht hat, können und müssen wir den Kurs der Globalisierung politisch mitbestimmen.

Ein Land mit Migrationshintergrund

Ein globalisiertes Land zu sein erschöpft sich natürlich nicht in der Organisation von Kapital- und Warenströmen. Nicht nur Geld und Güter wandern um den Globus, auch Menschen haben es getan und tun es weiter. Vor drei Jahren haben wir an 60 Jahre deutsch-türkisches Anwerbeabkommen erinnert. Dass das »Wirtschaftswunder« der Bundesrepublik aus jeder Menge harter Arbeit entstand, nicht allein durch die unsichtbare Hand des Marktes, nicht durch den Spruch einer guten Fee, das wissen wir. Die Arbeit in vielen Sektoren von Kohle und Stahl war schwer und schmutzig. Die »fordistische« Produktion, die monotone, kleinteilige, eng getaktete Fließbandarbeit in der Industrie ist auch nie ein Paradies gewesen. Dass aber bald schon die Arbeitskräfte fehlten und dass die *sichtbaren* Hände, die den Aufschwung im Wirtschaftswunderland mit erarbeiteten, aus Italien und Griechenland kamen, später auch aus der Türkei, darüber haben wir nicht genug gesprochen.

In der Vorbereitung des Jahrestages, der den Beginn der türkischen Einwanderung in die Bundesrepublik markiert, habe ich in der Essener Zeche Zollverein die Fotoausstellung »Wir sind von hier« mit Bildern des 2018 verstorbenen Fotografen Ergun Çağatay besucht. Die ernst blickenden Menschen in der Produktion, das Verlorensein in einer kalten Fremde, die Müden im Café, die lachenden Kinder in den Straßen, der neue Anfang in der Nachbarschaft, die Feiernden in opulentem Brautkleid und straffem Anzug, die türkischen Geschäfte, die Fans der Fußballmannschaften aus dem »Pott« – das ganze Leben! Es hat mich unglaublich beeindruckt. Vielleicht auch deshalb, weil ich mich selbst – als Ostwestfale und Lipper bin ich ja nicht von weit her – dem Ruhrgebiet verbunden fühle. Typisch für die Gegend ist, dass man anpackt, ohne sich zu zieren, und da passen die Arbeiter mit den türkischen Namen gut hin.

Ich erinnere mich an den Tag im Dezember 2018, als in Bottrop mit Prosper-Haniel die letzte Steinkohlezeche schloss und das letzte Stück Kohle gefördert wurde. In meinem Arbeitszimmer habe ich es, für die Nachwelt aufbewahrt auf einem Podest, vor Augen, während ich diese Zeilen schreibe. Es war eine schwere Rede, die ich dort halten musste: Vor mir standen weinende Bergleute, viele davon türkischstämmige Kumpel oder Nachfahren von polnischen Einwanderern. Für sie alle ging eine Ära zu Ende, geprägt von harter gemeinsamer Arbeit, die Deutschland zu ihrer Heimat gemacht, die unserem Land und auch den Arbeitern persönlich wirtschaftlichen Wohlstand gebracht hat.

»Mach meinen Kumpel nicht an!« hieß die Kampagne, die sich gegen die Feindseligkeit zur Wehr setzte, die damals vorwiegend türkischstämmige Familien traf. Es gibt in unserem Land eine unselige Geschichte der Diskriminierung und Herabsetzung im Alltag bis hin zur Gewalt, die als »ausländerfeindlich« falsch benannt ist, denn sie richtet sich gegen Inländer. Sie ist in der Tat zutreffend als rassistisch zu bezeichnen. Bis in unsere unmittelbare Gegenwart rütteln uns die Hetzjagden und Mordanschläge auf, jedes Mal – in Mölln, in Solingen, im Terrorismus des NSU, 2020 in Hanau – sind wir im Herzen unserer Demokratie angegriffen. Wir müssen eines verstehen, wenn wir über die Einwanderung nachdenken und ihren Ort in unserer Geschichte bestimmen: Die Menschen, die gekommen sind, ihre Kinder und Enkel, auch sie haben Deutschland werden lassen, was es heute ist.

Wenn wir uns also fragen, wer wir geworden sind, was Deutschsein bedeutet, dann zählt das türkische, damit auch das muslimische Deutschsein dazu. Vor 150 Jahren begann die polnische Einwanderung das Ruhrgebiet zu prägen, und polnische Namen gehören so selbstverständlich zu uns wie »Herr Müller« oder »Frau Schulze«. Als Deutsche heute »wir« zu sagen schließt nun seit langer Zeit mit gleichem Recht Bürgerinnen und Bürger ein, deren Eltern und Großeltern aus Istanbul, Izmir, Erzurum, Kars gekommen sind. Sie haben ein Zuhause in Bottrop, Gelsenkirchen, Stuttgart oder Berlin und Wurzeln in der Türkei mit Erinnerungen an Anatolien oder die Mittelmeerküste südlich des Taurusgebirges. Denn ja, der Mensch kann mehr als eine Heimat haben und doch ganz und gar zur Bundesrepublik gehören. Ich kann es nicht besser sagen als mit einem Satz, den mir Ferda Ataman für meine Rede zum Jahrestag des Anwerbeabkommens im Schloss Bellevue mit auf den Weg gab und der sich mir tief eingeprägt hat: »Wir sind in einem Haus, das wir selbst mit gebaut haben, keine Gäste.«

Die DDR hatte eine andere Geschichte mit der Aufnahme von Menschen. Unter dem Zeichen sozialistischer Solidarität gab es die wenigen Flüchtlinge aus dem franquistischen Spanien, aus dem Griechenland der Militärdiktatur und nach dem Putsch gegen Salvador Allende Chileninnen und Chilenen, die Asyl erhielten. Doch in Ostdeutschland wurden ebenfalls Arbeitskräfte gebraucht. So begann in den 1970er Jahren die Anwerbung aus Polen und Ungarn, aus Kuba, Mosambik und, die größte Gruppe, aus Vietnam. Auch sie bauten also mit an dem Haus, selbst wenn die Größenordnung mit der in Westdeutschland nicht vergleichbar war. Und noch etwas ist hier festzuhalten: Ob aus Gründen der »Staatssicherheit« oder aus fremdenfeindlichen Motiven, die Vertragsarbeiter wurden nicht in der Mitte der Gesellschaft aufgenommen. Ihre Existenz blieb im Alltag unbesprochen, abgedrängt. Kontakte waren selten. Wo doch binationale Ehen geschlossen wurden, wurden sie misstrauisch beäugt. Die Romane der 1972 in Halle geborenen Jackie Thomae erzählen davon. Als Deutschland sich vereinigte, gab es in Ostdeutschland kaum Erfahrungen mit Integration und kultureller Pluralisierung. Sie zu normalisieren, betrachte ich als Aufgabe, die uns geblieben ist. Aber sie ist ja unserem ganzen Land geblieben. Vor allem müssen wir aus den Fehlern der Vergangenheit lernen, wenn wir heute wieder in der Welt um Zuwanderer werben, die bei uns arbeiten. Denken wir an den Satz von Max Frisch: Wir rufen Arbeitskräfte, aber es kommen Menschen. Das muss uns bewusst sein.

Wie lange hat sich die Politik geweigert, das Offensichtliche auszusprechen und anzuerkennen: dass Deutschland ein Einwanderungsland geworden ist. Es dauerte bis zur Jahrtausendwende, bis zum Jahr 2001, dass eine Kommission unter Leitung von Rita Süssmuth diese Tatsache zur Grundlage ihrer Arbeit machte. »Die Kommission stellt fest, dass Deutschland – übrigens nicht zum ersten Mal in seiner Geschichte – ein Einwanderungsland geworden ist«, heißt es in der Eröffnung des Berichts. Ein wichtiger Moment des Bewusstseinswandels. Nicht gefühlsduselig oder naiv, sondern anerkennend, dass Zuwanderung auch Herausforderung bedeutet und Veränderung im doppelten Sinne: erstens für die Menschen, die einwandern; zweitens für die Gesellschaft, die sie aufnimmt. Es ging darum, sich mit einer längst veränderten Realität offen auseinanderzusetzen und eine Politik zu entwerfen, die dauerhaft ein friedliches Zusammenleben gewährleistet.

Das Haus bauen wir zusammen. Auch heute. Wir wollen es so. Dass wir dabei zugleich an unser eigenes Interesse als Land im demografischen Wandel denken, ist nicht verwerflich. So viele von uns gehen im nächsten Jahrzehnt in den Ruhestand, so wenige neu geborene Kinder gleichen die Alterung aus, dass wir heute und in Zukunft Arbeitskräfte aus dem Ausland brauchen. Menschen kommen zu uns, sie lernen die Sprache, studieren, erwerben Diplome, schließen die Handwerksausbildung ab und nehmen die Arbeit auf, oft dort, wo der Mangel an Fachkräften groß ist. Das trifft bereits zu auf viele Syrerinnen und Syrer, die 2015 kamen und nun bald das erste Jahrzehnt in Deutschland leben. Sie sind als Flüchtlinge dem Inferno des Bürgerkrieges entronnen, viele sind geblieben und werden als Bürgerinnen und Bürger die Zukunft unserer Republik mitprägen.

Dennoch: Einwanderung und Integration bleiben ein manifester politischer Auftrag. »Wir müssen handeln, ohne Angst und ohne Träumereien«, formulierte Bundespräsident Johannes Rau im Jahr 2000 als Leitsatz für die Integrationspolitik. Eine gute Maxime! Probleme und Konflikte, die entstehen, wo so unterschiedliche Menschen zusammenleben, dürfen wir nicht leugnen, sondern müssen sie mit beherzter Politik angehen. Und damit meine ich vor allem beherzte Bildungspolitik. Mehr Anstrengungen in der dualen Berufsausbildung, schnellere Anerkennung von Abschlüssen, aber auch eine anspruchsvolle Einarbeitung am Arbeitsplatz, für die Kinder mehr Kita-Plätze, mehr Erzieher, mehr Lehrerinnen und besseren Sprachunterricht, gezielte Förderung, gleiche Chancen und nicht zuletzt: eine klare Haltung in der Vermittlung demokratischer Werte.

Längst ist die Bundesrepublik keine Gesellschaft

mehr, in der nur einige Menschen mit dem Etikett des »Migrationshintergrundes« vom großen Rest abzugrenzen sind. Wir sind vielmehr im Ganzen ein Land mit Migrationshintergrund geworden. Sich dies klarzumachen, auch das ist für uns eine Frage der Selbsterkenntnis und Selbstanerkennung. Der Politikwissenschaftler Waldemar Besson schrieb 1970 von dem »Weg zu sich selbst«, den die Bundesrepublik durch die Anerkennung der Nachkriegsgrenzen zu gehen hatte.[6] Ich möchte dieses Wort in einem neuen Zusammenhang aufgreifen, der sicher unsere Identität nicht weniger berührt. Wir sind auf dem Weg zu uns selbst, wenn wir uns unserer verschiedenen Herkünfte und Eigenschaften bewusst sind und dabei europäische Normalität empfinden.

Demokratisch, liberal, europäisch

In den Jahrzehnten einer neuen demokratischen Staatsbildung, die nicht an einem Tag »gemacht« wurde, sondern stetig gewachsen ist, haben wir uns viel Wertvolles angeeignet. Das Grundgesetz schuf vor 75 Jahren im Westen einen Freiraum der politischen Selbstaufklärung. Sie war bitter nötig und ließ doch lange auf sich warten. Denn 1945 erfolgte die Befreiung vom NS-Regime durch die Alliierten. In der Zeit seither aber haben

---

6 Waldemar Besson, *Die Außenpolitik der Bundesrepublik. Erfahrungen und Maßstäbe*, München: Piper 1970.

wir uns als Bürgerinnen und Bürger der Bundesrepublik nach und nach vom verhängnisvollen autoritären, nationalistischen Erbe selbst befreit. Deutschland hat aus Vernichtungskrieg und Völkermord gelernt. Es hat seinen militaristischen Imperialismus überwunden. Aus einer Nation, die andere bedrohte und unterwarf, ist ein partnerschaftliches Land geworden.

»Fertig« aber war diese Republik vor 1989 nicht. Deutschland und die Deutschen konnte die Bonner Republik für sich allein nicht vertreten und schon gar nicht verkörpern. Das demokratische Selbstbewusstsein, das wir Deutschen erst zu erwerben hatten, die lebenskräftige Verwirklichung der Normen des Grundgesetzes in einer Gesellschaft, die nicht nur von Alliierten zu einem Teil der freien Welt erklärt wird, sondern selbst frei sein will, dieser Weg zu uns selbst, diese Fähigkeit, »wir« zu sagen und die Demokratie zu meinen, die innere Befreiung also von Nationalismus und Diktatur, war unvollendet. Es bedurfte der ersten erfolgreichen gewaltlosen Revolution der deutschen Geschichte, um den Weg zur Demokratie im ganzen Land zu vollenden und die deutsche Frage zu beantworten. Dass die Revolutionäre von 1989 friedlich die SED-Diktatur zum Einsturz brachten, dass sie nicht die Waffenarsenale stürmten, sondern an Runden Tischen diskutierten, dass sie solidarisch verbunden waren mit den Revolutionen in Ungarn, in der damaligen Tschechoslowakei und natürlich in Polen, das gibt diesen Ereignissen ein europäisches, sogar ein welthistorisches Format. Die Geschichte der Verwirklichung unserer Freiheitsverfassung spielt somit nicht nur in Herrenchiemsee und in Bonn, nicht nur in Frankfurt am Main und Westberlin, sondern sie spielt auf der Berliner Karl-Marx-Allee, in Wernigerode, in Plauen, in Leipzig, auf dem Alexanderplatz und an der Bornholmer Straße in Berlin. Die Friedliche Revolution war ein unverzichtbarer Teil, ja, ich denke, einer der Höhepunkte unserer Demokratisierung.

Wir haben seit 1949 und durch 1989 eine starke und gute Staatstradition gewonnen – demokratisch, liberal, europäisch, friedensorientiert –, die wir nicht über Bord werfen dürfen. Und stark waren wir immer dann, wenn viele sich beteiligt haben an der Suche nach einem neuen Konsens.

III. WER WIR SIND – UND SEIN KÖNNEN

In einem Moment unserer Geschichte, in dem die vertraute Nachkriegsordnung zu erodieren scheint, wir uns jedenfalls vor gravierende Erschütterungen, Gegensätze und Gefahren gestellt sehen, müssen wir die politische Kraft aufbringen dagegenzuhalten. Wir müssen es mit unserem »Schicksal« aufnehmen. Denn wir werden umso freier atmen, je mehr wir, statt Objekt der Verhältnisse zu sein, uns zum politischen Subjekt erklären, das heißt Souveränität zeigen und politikfähig werden. Die Fähigkeit zur Politik bedarf einer Vereinigung vieler Interessen hinter einer gemeinsamen Sache. Was auf jeden Verein zutrifft, sollte nicht minder für Deutschland als Ganzes gelten. Einige wichtige Erfahrungen der vergangenen Jahrzehnte, die uns verbinden können, habe ich geschildert. Was aber fangen wir heute damit an?

Niemand kann wissen, wo wir in zehn Jahren stehen werden. Aber wir wissen, was Deutschland sein kann: ein Land, das unter Belastungen gestanden und im Gegenwind seinen Weg gefunden hat. Ich habe in meinem politischen Leben Erfahrungen gemacht mit Phasen der kollektiven Selbstzweifel, aber auch mit Jahren voller Selbstbewusstsein, in denen uns der Schritt in die Zukunft glückte. Ich habe erlebt, was kollektiver Missmut anrichtet, aber auch die positiven Energien gesehen, die eine Trendwende herbeiführen. Wir haben schon einige Male bewiesen, dass wir uns verändern und gemeinsam neue Orientierung gewinnen können. Aus inneren Zerreißproben ist neuer Konsens geworden, aus verwüsteten Landschaften und verfallenen Städten neuer Aufbau, aus internationaler Ächtung neue Anerkennung, aus Rezession neues Wachstum. Woher die Zuversicht kommt, die etwas in Bewegung setzt, mutet manchmal rätselhaft oder unvorhersehbar an. Meiner Überzeugung nach entsteht sie in genau den Momenten, in denen wir entschlussfähig sind, in Momenten kollektiven Handelns, die uns Kraft geben. Für Spötter mag das wie die Geschichte Münchhausens klingen, der sich am eigenen Schopf aus dem Sumpf zieht. Ihnen erwidere ich, dass aus Gemeinschaft Stärke erwächst. Wir meistern Gefahren und materielle Belastungen, wenn wir es zusammen tun. Zuversicht und Vertrauen sind ein Produkt des Zusammenhalts einer Gesellschaft. Und übrigens auch ein Produkt der internationalen Solidarität gleichgesinnter Länder, in Europa, im transatlantischen Bündnis und darüber hinaus in einer voneinander abhängigen Welt.

Starke Institutionen in einer pluralen Gesellschaft

Allein zu stehen ist für einen Menschen wie für ein Land riskant. Hingegen Bürgerin, Bürger eines Staates zu sein, der Recht garantiert, Gerechtigkeit anstrebt und sich auf internationale Partner verlassen kann, dieses Privileg vermittelt uns Vertrauen und Sicherheit. Darin liegt die eigentliche politische Bedeutung unserer Fähigkeit, »wir« zu sagen. Sie gibt uns Handlungskraft und Mut. Mut, den wir brauchen, um in einer unsicheren Zeit die Zukunft zu gewinnen und den großen Umbruch zu meistern, Kraft, um Neues zusammenzufügen, wo Altes nicht länger genügt. Wenn es denn stimmt, dass gewohnte Ordnungen und Modelle nicht mehr tragen, können Ordnungslosigkeit, Dauerkonflikt, Vereinzelung und Zynismus nicht die Antwort sein. Die Kunst des Dialogs, des Verbindens und Verstrebens, des Brückenbauens, des Zusammenbringens – dies ist die wichtigste politische Kunst unserer Zeit. Der US-amerikanische Anthropologe Clifford Geertz hat vor vielen Jahren schon eine »Welt in Stücken« diagnostiziert, in der die Konzepte von Nation, Staat und Kultur ihre gemeinschaftsstiftende Wirkung eingebüßt haben.[7] Aber eine Diagnose zerfallender Ordnungen lässt die Frage offen, wie wir überhaupt politische Handlungskraft gewinnen oder zurückgewinnen.

Wir brauchen gerade in einer Gesellschaft der vielen Identitäten die vereinende Kraft starker politischer Institutionen. Unsere Verfassung, das Grundgesetz der Bundesrepublik, hat diese Institutionen geschaffen. Es hat den Staat zugleich abgelöst von der Fixierung auf eine ethnisch-religiöse Identität, hat den Begriff des

---

7 Clifford Geertz, *Welt in Stücken. Kultur und Politik am Ende des 20. Jahrhunderts*, Wien: Passagen Verlag 1996.

Staatsvolkes aus der Klammer des Völkischen befreit, hat den Wettstreit um demokratische Mehrheiten in den Parlamenten geöffnet für politische Bewegungen mit unterschiedlichen Werteprioritäten, hat die freie Auseinandersetzung zwischen den Verschiedenen konstitutionalisiert und institutionalisiert – und stiftet gerade dadurch die Chance auf Einheit. Niemand kann die Ausdifferenzierung der Gesellschaft zurückdrehen. Vielmehr geht es darum, das Augenmerk auf die Beziehungen der gesellschaftlichen Gruppen zueinander zu legen. Das meine ich, wenn ich gegen das Auseinanderfallen der politischen und das Aufsplittern der sozialen Welt daran erinnere, dass wir Formen der Vereinigung und Orte des Zusammenhalts benötigen und sie neu schaffen müssen, wo sie erodiert sind. Wir haben alles das neu zu entdecken, neu zu verstehen und zu stärken, was uns, verschieden wie wir sind, verbinden kann.

Das Ringen und das Streiten müssen sein. So will es das Grundgesetz einer freiheitlichen Demokratie. Fruchtbar können sie jedoch nur werden, wenn wir die Regeln kennen und achten, die wir uns für den demokratischen Streit gegeben haben. Dazu gehört an erster Stelle, den Hass und die Sprache der Verachtung zu überwinden. Sie trägt wesentlich zu den Splitterungen an den Berührungsflächen des sozialen Lebens bei, die so viele Menschen in unserer Mitte verletzen. Wir haben als Bürger, als Bürgerin sowohl das Bedürfnis nach wie auch den Anspruch auf Respekt. Es gibt in Fragen des Respekts keine Hierarchie, die dem einen Rücksichtnahme auferlegt und dem anderen Rücksichtslosigkeit gestattet. Niemand sollte sich daher in seiner Identität so einigeln, ja verpanzern, dass er oder sie für andere Menschen mit anderer Identität nicht mehr erreichbar ist. Das *Besondere* des Menschen, sein eigensinniges Denken, sein Fühlen und Wollen, kann sich entfalten, weil und solange das *Allgemeine* des Menschenrechts für jeden geschützt bleibt.

Deshalb brauchen wir modernen Individualisten einen Staat, und zwar genau so einen wie unsere Bundesrepublik, die eine Ordnung der Freiheit geschaffen hat. Wir brauchen den Rechtsstaat, der die Menschen- und Bürgerrechte eines jeden schützt, in dem niemand über oder außerhalb des Rechts steht, der die Unabhängigkeit der Gerichte garantiert und extremistische Angriffe abwehrt. Wir müssen aber auch lernen, den Staat wieder in dem Sinne zu verstehen, der in dem schönen alten Begriff vom »Gemeinwesen« angelegt ist. Der Staat nicht als etwas der Gesellschaft Fremdes oder gar Feindliches, sondern als Ausdruck des gemeinsamen Bemühens aller. Das heißt auch: Wir brauchen nicht nur einige, die Politik als Beruf ausüben, nicht nur einige mehr, die es im Ehrenamt tun, sondern wir brauchen die Mehrheit der Bürgerinnen und Bürger, die diese Republik zu ihrer Sache machen, die sich in Worten und Wahlen schützend vor *ihre* Institutionen stellen.

Unsere Parlamente sind das Herz der repräsentativen Demokratie. Sie geben dem Mehrheitswillen einen verlässlichen Ausdruck und sichern zugleich den Parteien in der Minderheit immer das kritische Wort und das widerstreitende Argument. Repräsentative Demokratie ermöglicht, zu prüfen, zu wägen, Gesetzesentwürfe anzupassen, zu verbessern, sie bringt bei aller Leidenschaft der Debatte immer wieder die Vernunft zur Geltung.

Die Arbeit der Abgeordneten in den Parlamenten mit dem ausdauernden Bohren harter Bretter ist anstrengend und sie ist ehrenwert. Das sollten wir uns stärker bewusst machen, wenn wir vom Staat sprechen. Denn er legt dadurch seine Anonymität ab. Seine Macht bekommt ein menschliches Gesicht, besser gesagt zahlreiche Gesichter von Menschen, die zur Wahl antreten und Mandate erringen. Ein deutscher Kaiser hat den Reichstag, den er laut Inschrift – die allerdings erst zur Kriegsmobilisierung 1916 in Bronze aufgesetzt wurde – »Dem deutschen Volke« geschenkt hat, einmal als ein »Affenhaus« bezeichnet. Parlamentsverachtung zählte zum Arsenal der Feinde der Weimarer Demokratie. Dies gehört der unseligen Tradition an, die wir überwunden haben. Wird sie von Extremisten heute wiederbelebt, muss sie unseren harten Widerspruch finden. Wir sprechen von dem Hohen Hause und drücken damit die Würde demokratischer Institutionen aus. Es ist nicht meine Sache, Menschen etwas predigen und sie bekehren zu wollen, aber ich möchte alle zum Nachdenken anregen, die bereit sind, »wir« zu sagen, wenn sie von Deutschland sprechen. Lassen Sie uns die Institutionen, die wir Bürgerinnen und Bürger doch selbst durch Wahl ins Leben rufen, mit Respekt und vielleicht gar mit innerer Anteilnahme und Freundlichkeit betrachten.

Das setzt allerdings voraus, dass Regierungs- und

Oppositionsfraktionen ihrerseits neues Vertrauen rechtfertigen. Nicht jede Inszenierung auf parlamentarischer Bühne ist dazu angetan. Schauen wir auf die großen Debatten des Bundestages zurück. Westbindung, Wiederbewaffnung, Ostverträge, Nato-Doppelbeschluss, Atomausstieg, Wirtschaftsreformen, Euro-Rettung – es konnte hart zur Sache gehen, mit frontaler Kritik und ebensolcher Erwiderung. Aber auch der Brückenschlag zwischen Regierung und Opposition war immer wieder möglich.

Wir brauchen heute starke Institutionen und eine engagierte Bürgerschaft vor allem deshalb, weil wir erneut – wie schon einige Male zuvor in den vergangenen acht Jahrzehnten – vor wirklich historischen Aufgaben stehen. Es gibt politische Entscheidungen, die über den Tag weit hinausreichen. Die europäische Einigung oder die deutsche Einheit mit allen wirtschaftlichen Folgen waren solche Weichenstellungen, die wir mit aller Kraft angegangen sind und gemeistert haben.

Ist unser Staat heute dafür gewappnet, den Anforderungen gerecht zu werden, die eine unsichere Gegenwart und eine ungewisse Zukunft mit sich bringen? Nur wenige von uns beantworten diese Frage uneingeschränkt mit ja. Auch ich kann es nicht. 75 Jahre nach der Verkündung des Grundgesetzes und 35 Jahre nach der Friedlichen Revolution ist unsere Demokratie tiefer in unserer Gesellschaft verwurzelt als jemals zuvor in der deutschen Geschichte. Freiheit und soziale Verantwortung, die Geltung des Rechts, Wohlstand und Sicherheit sind auf diesem Fundament gewachsen. Doch oft in bester Absicht, die Lebensumstände weiter zu verbessern, haben wir auch immer mehr Regeln und detaillierte Vorgaben geschaffen. Die Verwaltungen von Bund, Ländern und vor allem den Kommunen haben all das umzusetzen, zu beaufsichtigen, ja überhaupt erst einmal zu überblicken und dem Bürger verständlich zu machen. Ich muss an eine Handwerkerweisheit denken: Beim Anziehen der Schraube wird es zuerst immer fester und dann plötzlich ganz locker. Will sagen: Wer seine Sache überdreht, erreicht das Gegenteil des Gewünschten. Regeln, die Klarheit schaffen sollen, vermehren die Verwirrung. Leistungsansprüche, vom Wohngeld bis zum Bildungs- und Teilhabepaket, die Menschen eigentlich zugutekommen sollen, aber kompliziert zu beantragen sind, schrecken sie ab. Investitionen der öffentlichen Hand bleiben liegen, weil die Programme und Bedingungen so eng gestrickt sind, dass Auftragnehmer sich darin verheddern. Manches reibt sich auch und widerspricht sich. Eine Maßnahme will zentrale Infrastruktur wie Stromnetze fördern, eine andere greift dazwischen, um Naturschutz zu sichern. Die dadurch herbeigeführten Blockaden stellen die Handlungsfähigkeit der Politik infrage. Bis es zu Entscheidungen kommt, vergeht zu viel Zeit. Die Vielzahl von Beteiligten und die lange Dauer der Verfahrensschritte vernebeln letztlich die Verantwortlichkeit. Warum haben wir in so vielen Gegenden unseres Landes kein schnelles Internet? Warum können wir Stromnetze nicht schneller erweitern? Solche kritischen Rückfragen sind schwer zu beantworten. Das belastet die Glaubwürdigkeit der Demokratie, die sich eben auch in ihrer Fähigkeit, Probleme zu lösen, bewähren muss. Noch etwas ist durch das gewachsene Kontrolldickicht geschehen: Viele Menschen haben den Eindruck gewonnen, der Staat misstraue ihnen generell. Und da wir selbstbewusste Bürgerinnen und Bürger haben, nehmen sie das Gefühl der Bevormundung nicht klaglos hin. Sie begehren dagegen auf. Auch wer guten Willens auf unsere Institutionen schaut, kann die Geduld und das Vertrauen verlieren.

Ich bin überzeugt, wir sollten zum Nutzen der Demokratie eine Staatsreform angehen, die kein Steuergeld kostet, sondern vermeidbare Ausgaben einspart. Der Ort der Entscheidung und die Verantwortung für die Umsetzung müssen sichtbar sein, es gilt, Verfahrensschritte und -hürden zu verringern, Prozesse zu beschleunigen. Eine Maxime könnte lauten: weniger Regeln, aber die beschlossenen Regeln dafür klarer anwenden. Die Kommunen brauchen Luft zum Atmen und Spielräume, lokale Besonderheiten zur Geltung zu bringen. Ich behaupte nicht, dass die Aufgabe, unseren Staat in seiner Wirksamkeit zu verbessern, leicht wäre. Aber es ist eine lohnende Anstrengung im Dienste unserer Demokratie. Da die Regelfülle während unterschiedlicher Koalitionsregierungen gewachsen ist, könnte ihr Zurückschneiden ein zentrales Projekt parteiübergreifender Arbeit – jenseits der Tagespolitik – sein. Die Bürgergesellschaft wird sich hinter diesem Projekt versammeln und die Institutionen mit mehr

Respekt betrachten. Und diejenigen, die in Zukunft politische Mandate erwerben, Ämter übernehmen und Verantwortung tragen, finden einen größeren Anreiz, sich zu engagieren, denn sie können wirklich zeigen, dass sie etwas erreichen.

Für alle, die mit mir an unser Gemeinwesen glauben, gilt das Ziel: Entfalten wir die Kräfte, die in ihm stecken! Die Erinnerung an die großen politischen Meilensteine der vergangenen Jahrzehnte sollte uns ermutigen und auch anspornen, das Beste zu geben. Heute sind wir nämlich gefordert, politische Leistungen von ähnlicher Größe und Tragweite zu vollbringen.

Ich will zwei dieser schwierigen Aufgaben noch einmal in den Blick nehmen, denn es geht dabei um unsere Zukunft als Demokratie. Wir müssen erstens eine ökonomische Transformation bewältigen, wie wir Zeitgenossen sie in diesen Ausmaßen noch nicht erlebt haben, und zweitens eine Gesellschaft einen, die durch viele Herkünfte und Identitäten geprägt ist und sich demografisch immer rascher verändert.

Eine Realpolitik der Transformation

Das fossile Industriezeitalter, dem wir Deutschen den Aufstieg zu einer führenden Exportnation zu verdanken haben, endet für uns in diesem und dem folgenden Jahrzehnt. Wir erleben den Bedeutungsverlust der alten, von Kohle und Öl getriebenen Prozesse und – das muss das politische Ziel sein – eine neue Industrialisierung mit nachhaltigen Technologien, die den Kohlenstoffeintrag in die Atmosphäre immer weiter reduzieren und uns der notwendigen Klimaneutralität unserer Lebens- und Wirtschaftsweise näher bringen.

Die Zukunftschancen unserer Kinder und Enkel hängen von nichts so sehr ab wie vom Gelingen dieser wirtschaftlichen Transformation in sozialer Verbundenheit. Was mit etwas parteipolitischer Schlagseite oft als »grüne Zukunft« gepriesen und dann sogleich als »Umerziehung« denunziert wird, müssen wir grundsätzlicher begreifen und formulieren. Es geht um die Frage, ob wir uns als fähig zum Fortschritt erweisen.

Wie macht man so etwas, einen epochalen Umbruch gestalten? Wie hält man die Ungewissheiten aus, die es mit sich bringt, wenn die alte Lebensweise sich entfernt und wir, gewissermaßen auf hoher See, das Ufer, das uns neue Sicherheit geben wird, noch nicht in Reichweite haben? Die Antwort mag überraschen, aber ich bin aus Erfahrung von ihr überzeugt: Das Große wird uns gelingen, wenn wir Realisten sind. Ziele zu realisieren, statt sie nur zu beschwören, ist das Ethos, das wir brauchen. Nicht 2050, sondern bereits im Jahr 2045 soll Deutschland nun klimaneutral sein – das Ziel wurde noch einmal anspruchsvoller definiert. Jetzt muss es um Wege dorthin gehen. Wir müssen uns als Realisten der praktischen Umsetzung erweisen.

Widerstände in der Bevölkerung gibt es. Aber sie sind genau genommen kein Beleg, dass Klimaschutz erfolglos wäre, sondern im Gegenteil ein Zeichen dafür, wie er immer größere Lebensbereiche einbezieht und die gesamte Gesellschaft verändert. Wenn so manches Mal die Kritik und die Zweifel überhandnehmen, möchte ich uns zurufen: Doch, es geht, wir können das, wir haben es so oft bewiesen und in Wissenschaft, Forschung und Industrie die erstaunlichsten Dinge zu Wege gebracht. Wir stehen auch nicht mehr am Anfang des Wandels, wir sind schon mittendrin. Die CO_2-Emissionen in Deutschland sind beträchtlich gesunken. Mehr als die Hälfte des Stroms produzieren wir aus Wind, Sonne und anderen Erneuerbaren. Bedenken wir, woher wir kommen. Denn es hilft uns jetzt. Die Bundesrepublik hat mit ihrer gewachsenen ökologischen Identität und ihrer tief verwurzelten Ingenieurkultur das Zeug zum grundlegenden Wandel.

Ja, es stimmt: Bei den Stromnetzen, beim Umstieg auf Elektromobilität und beim Hochlauf der Wasserstoffwirtschaft müssen wir große Lücken schließen. Wir haben in der Tat viel zu tun. Als ich am Völklinger und am Duisburger Stahlstandort mit Betriebsräten über den Umstieg weg von der Kohle diskutiert habe, war die Stimmung keineswegs ablehnend oder gar feindselig. Sie wollen den Wandel und sagen: »Alle werden es machen, wir müssen vorn dran sein! Aber warum schon jetzt die Festlegung auf einhundert Prozent ›grünen‹ Wasserstoff, der in solchen Mengen gar nicht da ist? Erleichtert uns doch den Umstieg, indem wir mit Gas und mit Wasserstoff aus anderen Energiequellen trainieren können.« In der Tat: Das bloße Wiederholen und Anmahnen der Klimaziele hat wenig Neuigkeitswert. Überzeugender wird die Klimapolitik, wenn sie zeigt, wie und bis wann sich Strom- und Wasserstoffproduktion mit erneuerbaren Energien auf das notwendige Niveau eines hoch entwickelten Industrielandes bringen lassen, wie es gelingt, dass wir die Energiepreise nicht länger durch staatliche Subventionen »deckeln« müssen, sondern dauerhaft senken können durch eine Ausweitung des Angebots auf das Niveau der steigenden Nachfrage.

Befragen wir in dieser Diskussion nicht nur die Klima- und Naturforscher. Befragen wir auch die Elektro- und Maschinenbauingenieure, die Chemikerinnen und Chemiker, die Köpfe der Wasserstofftechnologie, die Gebäudetechniker, die Energiesystemmanager, Betriebswirte, Standortentwickler oder Finanzexpertinnen, Frauen und Männer vom Fach, die uns sagen, wie es geht. Es reicht nicht, auf den Horizont zu weisen und das Gebot zu wiederholen: »Da müssen wir hin!« Wir brauchen Menschen, die bei der Navigation nicht nur die Richtung ansagen, sondern auch die Untiefen kennen und technologisch wie wirtschaftlich präzise den Kurs bestimmen können. Glaubwürdigkeit der Politik entsteht nicht im Wettbewerb um immer anspruchsvollere Ziele, sondern mit belastbaren, robusten Antworten, auf welchen Wegen wir ihnen tatsächlich näher kommen.

Eines wird schnell deutlich: Wir müssen, und das Gute ist, wir *können* auf unsere Erfahrungen mit einer europäisierten, einer internationalisierten Wirtschaft zurückgreifen. Wir brauchen europäische Energietransportwege, Partnerschaften der Erzeuger und Verbraucher, die von Norwegen und Großbritannien bis nach Zentralasien, in den Nahen Osten und nach Afrika reichen, Zugänge zu wasserkraft-, wind- und sonnenreichen Standorten, um unsere Versorgung sicherzustellen. Bei meiner jüngsten Reise nach Kasachstan habe ich ein Projekt besucht, das eine Wasserstoffproduktion mit fünfzig Gigawatt Wind- und Solarstrom aufbauen will und dabei auf Deutschland als Investor, Technologiepartner und Abnehmer schaut.

Deutschlands Anteil an den globalen CO_2-Emissionen beträgt weniger als zwei Prozent, der von EU und USA zusammen etwa ein Viertel. Der weltweit mit Abstand größte Emittent ist heute China mit mehr als 30 Prozent. Wen diese Zahlen zum empörten Fingerzeigen auf China verleiten, der sollte sein Temperament allerdings mit einer anderen Zahlenreihe kühlen: Bei der pro Kopf der Bevölkerung gemessenen Schädigung des Klimas liegen die USA weit vorn, China und Deutschland auf gleichem Niveau. Außerdem darf man daran erinnern, dass der Planet ein Klimagedächtnis hat und dass im Laufe der Industriegeschichte der globale Norden ein weit größerer Verursacher des Klimawandels gewesen ist. Nein, keine Seite ist von der Verantwortung befreit. Fingerzeigen hilft nicht. Die Erderwärmung muss uns gemeinsam verpflichten in Nord und Süd, im atlantischen ebenso wie im asiatischen Raum. Die größten globalen Verursacher der Erderwärmung und die reichsten Nationen der Erde sind die wichtigsten Akteure des Wandels. Wir gehören dazu.

Für mich ist ein entscheidender Prüfstein für das Gelingen des technischen Fortschritts, dass er mit seinem Tempo und seiner Dynamik unser soziales Gefüge nicht zerreißt. Die Belastungen der Menschen sind nun einmal sehr unterschiedlich. Wer in einem Kohlerevier lebt und in der Montanindustrie arbeitet, spürt den Druck der Transformation zur klimaneutralen Wirtschaft einfach härter als jemand, der mit einem Informatikstudium ausgestattet die digitale Ökonomie vorantreibt.

Wenn ich für eine Realpolitik der Transformation plädiere, habe ich auch solche Lebenswege vor Augen. Unsere Aufgabe ist es, Brücken in die Zukunft zu bauen, die so breit und stark sind, dass möglichst alle über sie gehen können. Vom Fortschritt müssen auch die Menschen etwas haben, denen besonders viele Anpassungen abverlangt werden. Ihnen müssen wir zuhören. Und wir müssen ihnen Antworten geben können. Die Transformation wird nur gelingen, wenn auch die Schwächeren etwas zu gewinnen haben. Manchmal braucht es mehr Zeit, um Perspektiven zu entwickeln. Nehmen wir uns diese Zeit und bauen wir starke Brücken.

Zusammenhalt durch Zusammenarbeit

Der junge belgische Historiker Anton Jäger hat einen Begriff für das Auseinanderklaffen von erhitzten Debatten und mangelnder Umsetzungspolitik in der Praxis geprägt.[8] »Hyperpolitisch« nennt er die Haltung repolitisierter Menschen, die dennoch das Engagement in Institutionen meiden. Man beteiligt sich an Internetkampagnen oder Straßenprotest, engagiert sich aber nicht in Parteien, Verbänden oder Vereinen. Die Kampagne allein kann dabei keinen Ersatz für die beharrliche, realistische, arbeitsteilige Lösung komplizierter Probleme bieten. So entsteht Empörung im Leerlauf, die immer neu das Vorurteil speist, die Politik bewirke nichts, und die mit ihrer Weigerung, dauerhaft und geduldig an der Politik mitzuwirken, die beklagte politische Hemmung noch vergrößert.

Kraft zum Handeln gewinnen wir hingegen, wenn eine wachsende Zahl motivierter Bürgerinnen und Bürger die Beteiligungsoffenheit von Parteien und Parlamenten nutzt, um ihre Anliegen – auch vor Ort auf kommunaler Ebene – in praktische Politik zu übersetzen. Was das konkret bedeuten kann, haben wir mehr als einmal erfahren: Über die Gleichstellung von Frauen wurde leidenschaftlich gestritten, bis neuer Konsens entstand. Um den Solidarpakt Ost oder die Arbeitsmarktreformen wurde erbittert gerungen, dann jedoch

---

8 Anton Jäger, *Hyperpolitik. Extreme Politisierung ohne politische Folgen*, Berlin: Suhrkamp 2023.

parlamentarisch entschieden. Wie übrigens auch bei der Einführung des Mindestlohns. Die Umweltbewegung hat eine Partei gegründet und unser Land verändert. Politik kann also Wandel erreichen. Dazu gehören die Tugenden der Ausdauer und des Ausbalancierens von Zielkonflikten, die es in einer entwickelten Gesellschaft verschiedener Interessen immer gibt. Die einen fordern Tempo beim Heizungsaustausch, den anderen fehlt das Geld dafür. Die einen wollen das möglichst schnelle Aus für den Verbrennungsmotor, die anderen produzieren ihn oder pendeln mit ihm zur Arbeit. Um was immer es geht: Der Kompromiss, die gerechte Verteilung der Lasten, die der gesellschaftliche Umbau zur Klimaneutralität nötig macht, bedarf eben starker Institutionen, die den Ausgleich organisieren, ob in Form öffentlicher Investitionen, einer ausgleichenden Steuer- und Abgabenpolitik oder direkter Zuschüsse für schwächere Haushalte.

Starke Institutionen müssen kein Hindernis für gesellschaftlichen Wandel sein. Im Gegenteil! Ein von Hoffnung motiviertes Handeln in konkreten Schritten – dieses Rezept hat sich immer wieder als wirksam erwiesen. Wir brauchen die Ungeduld der Jüngeren als Antrieb. Falsch ist der Vorwurf, die repräsentative Demokratie verschließe sich dem Wandel. Unsere Gesellschaft hat sich eher als extrem wandlungsfähig gezeigt, auch hinsichtlich ernsthafter Schritte für mehr Klimaschutz. Die Letzte Generation kann sich auch anders verstehen, nämlich als erste Generation, die Deutschlands Klimaneutralität erleben wird. Die letzte Generation der alten Welt, das ist eher meine Altersgruppe. Wer 2024 am 75. Jahrestag der Bundesrepublik geboren wird, lebt gegen Mitte des Jahrhunderts mit gut zwanzig Jahren wahrscheinlich in einem annähernd klimaneutralen Land und hat noch sein ganzes erwachsenes Leben vor sich. Am Ende unseres Jahrhunderts der großen Transformation blickt er oder sie mit 75 Jahren zurück auf die Zeit der Jugend als stürmische, konfliktreiche, aber auch faszinierende Ära, in der das Neue reale Gestalt angenommen hat. Dieses Deutschland können wir sein, wenn wir es wollen und dafür gemeinsam arbeiten.

Eingreifen, mitentscheiden, handeln zu können hat eine wunderbare verändernde Kraft. Sie ist das Geheimnis der Zuversicht. Und gerade die brauchen wir. Natürlich gibt es auch Hürden. Politisches Handeln unterscheidet sich von privatem durch die Anzahl der Personen, mit denen man es zu tun bekommt, und durch die Unterschiedlichkeit ihrer Interessen und Temperamente. Die plurale Republik ist eine Tatsache. Sie ist weitaus pluraler als zu meiner Jugendzeit. Wir sind eine Republik von Menschen verschiedener Identitäten, darunter kulturelle, aber auch regionale und soziale, denen wir zumuten, eine alle verbindende politische Gemeinschaft zu bilden. Dass politisches Handeln kollektives Handeln ist und die anstrengende gemeinsame Willensbildung verschiedener Gruppen und Akteure erfordert, spürt jeder, der es ausprobiert, als Erstes. Je mehr Leute Teilhabe beanspruchen und in Versammlungen das Wort ergreifen, desto relativer das Gewicht der eigenen Stimme. Das kann frustrierend sein. Wenn diese Erfahrung keine Desillusionierung bewirken soll, die dauerhaft organisiertes Engagement abschreckt, müssen wir in der Lage sein, das Verständnis ganz anderer Menschen zu vertiefen, ja gewissermaßen einzuüben. Und zwar nicht, um sie möglichst geschickt zu manipulieren. Sondern vielmehr, um sich mit ihnen auf Ziele zu einigen und dann etwas zu bewegen. Dafür braucht es zuallererst die Einsicht, dass das eigene Interesse nicht der alleinige Maßstab sein kann. Und es braucht Geduld, auch die Fähigkeit, Ambivalenzen auszuhalten, und die Bereitschaft, Kompromisse einzugehen.

Selbstverständlich ist der Befund nicht neu, dass es verschiedene Gruppen in der Gesellschaft gibt, Arbeiter und Unternehmer, Katholiken und Protestanten, Muslime, Juden und Konfessionslose, Land- und Stadtbewohner, die sich in ihren Kirchen, in ihren Parteien, in Gewerkschaften, Verbänden und Vereinen zusammenschließen. In früheren Zeiten aber waren die Menschen innerhalb ihrer Gruppen einander ähnlicher in der Herkunft und in den materiellen Interessen. Soziale Beziehungen, religiöse Bekenntnis- und politische Handlungsgemeinschaften waren stabiler und dauerhafter und in Organisationen gefasst. Es existierten deutliche Erwartungen, wer sich wann und wie im Verein, in der Kirchengemeinde, im Betrieb oder in der Feuerwehr zu engagieren hatte.

Die Kunst, die wir nötig haben, besteht darin, sich von Andersartigkeit nicht befremden und beängstigen zu lassen. Wir brauchen also die Verständigung mit dem anderen. Wie kann die gelingen?

In modernen Gesellschaften, in denen die Ähnlichkeit von Herkunft und Erfahrung nicht mehr ausreicht, um Zusammenhalt zu stiften, sind die Prinzipien der Kooperation umso wichtiger. Zusammenhalt also durch Zusammenarbeit. Zusammenhalt durch wechselseitige Verpflichtung, durch die Maxime: »Ich helfe dir, denn ich vertraue darauf, dass du an meiner Stelle genauso handeln würdest.« Letzteres ist nichts anderes als die Bedeutung des Wortes Solidarität. Nicht nur Mitgefühl mit fernen Menschen in Notlagen, sondern nahe Verbundenheit unter Gleichberechtigten. Damit diese Konzepte nicht nur freundliche Gedankenspiele bleiben, brauchen sie eine soziale Wirklichkeit. Die Menschen müssen sie erleben und erfahren können. Sie müssen in der Tat *zusammen* arbeiten, zusammen Probleme lösen, sich zusammen bewähren können. Und natürlich nicht nur innerhalb der eigenen sozialen oder kulturellen Blase, sondern gemeinsam mit denen, denen wir sonst selten oder nie begegnen. Es geht um milieuübergreifende Erfahrungen und auch um ein wenig Entschleunigung des auf Karriere getrimmten Lebensprogramms.

Die Orte, an denen dies möglich ist, spielen in unserem Leben heute eine geringere Rolle. Viele ziehen sich aus ihnen zurück, scheuen den Zeitaufwand und die Verpflichtung. Wenn ich als Beispiele die Kirchengemeinden, die Sportvereine oder auch die Sozialverbände nehme, dann sind es mittlerweile häufig dieselben Personen und meistens die Älteren, die in den Ehrenämtern aktiv sind. Im Gemeinderat, in der Freiwilligen Feuerwehr, als Übungsleiter – Aufgaben für viele landen immer öfter bei nur einer oder einem. Ich wünsche mir, dass sich das wieder ändert. Natürlich nicht nur in etablierten Strukturen, sondern zugleich in neuen Formen engagierter Solidarität, ob Flüchtlingshilfe, Kulturprojekte oder Umweltschutz, aber doch auch dort, wo Hilfe für andere nicht so hip und cool aussieht, und eben stets als Zusammenkommen ganz verschiedener Menschen.

Es waren diese Beweggründe, die mich zu dem Vorschlag einer allgemeinen sozialen Pflichtzeit gebracht haben. Kern der Idee ist der »egalitäre« Charakter: Jede und jeder ist einbezogen. Alle sind gemeint. Alle werden gebraucht. Dabei denke ich nicht zwingend an ein ganzes Jahr, sondern an Wahlmöglichkeiten zwischen sechs und zwölf Monaten, nicht nur an junge Leute, sondern an Pflichtzeiten, die sowohl rund um den Schulabschluss als auch als Auszeit vom Beruf oder als Engagement nach dem Eintritt in den Ruhestand ausgestaltbar sind. Die Pflichtzeit kann selbstverständlich nicht der Generalschlüssel sein, um gesellschaftliche Barrieren zu beseitigen und Entfremdungen zu überwinden. Sie nimmt aber die Idee auf, unser Land als ein Gemeinwesen zu verstehen, für das wir eine gemeinsame Verantwortung tragen. Sie kann ein Beitrag sein, um den Umgang mit Verschiedenheit einzuüben und die Kraft des gemeinsamen Handelns zu erfahren. Sie kann das Miteinander neu begründen, wo es verloren gegangen ist. Sie wäre ein Gewinn für die innere Festigkeit unserer demokratischen Lebensweise in unsicheren Zeiten.

Ein neuer Patriotismus

Das Jahr unseres Verfassungsjubiläums begann mit der schockierenden Erkenntnis, dass ein rechtsextremes Netzwerk Pläne hegt, Millionen Deutsche mit Einwanderungsgeschichte ihrer Bürgerrechte zu berauben und sie aus dem Land zu drängen. Das hat die demokratische Mitte unseres Landes aufgeweckt. Sie hat sich auf großen wie kleineren Kundgebungen, in allen Landesteilen, in großen ebenso wie in kleinen Städten, in West- und Ostdeutschland zu Wort gemeldet. Die Menschen, die sich angeschlossen haben, spiegeln ganz selbstverständlich unsere vielfältige Gesellschaft. Sie wollen nicht dieses oder jenes wirtschaftliche Interesse durchsetzen, stellen nicht die eine oder andere politische Forderung. Natürlich *haben* sie Interessen und Forderungen. Aber in einem Moment, in dem offener als zuvor begreiflich geworden ist, wie die Feinde unserer Verfassung die Menschenwürde attackieren, stehen nicht die Trennlinien im Mittelpunkt, sondern das Bekenntnis der Mehrheit zu unserem Wir – zu einer freiheitlichen Republik mit gleichen Rechten.

Wenn wir künftig von Mehrheitsgesellschaft reden, so können wir damit nur diese Mehrheit meinen. In unserem Land mit Migrationshintergrund, an dessen

Schulen in den Großstädten bereits 70, 80 oder mehr Prozent der Kinder aus Familien stammen, die aus allen Himmelsrichtungen eingewandert sind, wird sich »Mehrheit« künftig nicht auf Ethnie, Religion und Kultur beziehen. Zugehörigkeit speist sich heute aus anderen Quellen, allen voran aus der Zustimmung zu den Regeln, die wir uns in demokratischen Verfahren geben und die allen die gleichen Bedingungen zur freien Entfaltung garantieren. Aus diesem Bewusstsein kann eine neue Art von demokratischem Patriotismus entstehen.

Patriotismus ist ein gutes Wort auch in einem »schwierigen Vaterland«, wie Gustav Heinemann Deutschland nannte. Wir haben uns die patriotischen Gefühle schwer gemacht. Ich meine damit nicht nur das Unbehagen an einem Wiedererwachen des Nationalismus. Diese Sorgen haben ja durchaus ihre Berechtigung. Ich meine den jahrzehntelang geäußerten Widerwillen in Teilen der Bevölkerung, die Verantwortung für unsere Geschichte zu tragen. Was wurde nicht alles an Polemik erfunden und von 1949 bis heute auch in Briefen an die Bundespräsidenten geschickt. »Siegerjustiz«, »Umerziehung«, »Schuldkult« – die Reihe ließe sich lange fortsetzen. Die Anwürfe sind in 75 Jahren nicht wahrer geworden. Im Gegenteil, immer dann, wenn wir uns offen der Vergangenheit gestellt haben, konnten wir weitere Schritte nach vorne tun. Die Fähigkeit zur Selbstaufklärung hat unsere demokratische Entwicklung erst möglich gemacht. Sie unterscheidet demokratischen Patriotismus von engstirnigem Nationalismus.

Wir Deutschen tragen heute nicht mehr die Tatschuld von Hitlers Zeitgenossen. Wir tragen aber Verantwortung, nicht zuletzt für das Gebot der Erinnerung, dafür, zu wissen, was geschah, und zu fühlen, wie der Schmerz bis heute fortwirkt. Wir hören deutlich das Echo des Holocaust, wenn wir den Antisemitismus und den Rassenhass unserer Gegenwart bekämpfen. Sich taub zu stellen, wäre verlogen, stumm zu bleiben, unverzeihlich. Wahrhaftigkeit und Bereitschaft zur Verantwortung sind die wichtigsten Tugenden unseres Patriotismus. Die deutsche Geschichte ist eine gebrochene Geschichte, mit der Verantwortung für millionenfachen Mord und millionenfaches Leid. Deshalb habe ich zum 75. Jahrestag des Kriegsendes gesagt: Wir können dieses Land nur mit gebrochenem Herzen lieben. Wer hingegen schweigt, leugnet, ausweicht, relativiert und anderen Vorwürfe macht, kann gar nicht lieben, findet keine innere Stärke und wird auch nicht aufrecht gehen. Selbstaufklärung und Selbstbewusstsein bedingen einander.

Das historische Selbstverständnis der Bürgerinnen und Bürger einer Nation lässt sich nicht »einfrieren«, wie Jürgen Habermas kürzlich schrieb.[9] Heute haben auch die eingewanderten Deutschen eigene Demokratie- und Diktaturgeschichten zu erzählen. Die Kinder

---

9 Jürgen Habermas, »Statt eines Vorworts«, in: Saul Friedländer/Norbert Frei/Sybille Steinbacher/Dan Diner/Jürgen Habermas, *Ein Verbrechen ohne Namen. Anmerkungen zum neuen Streit über den Holocaust*, München: C. H. Beck 2022, S. 9-13, S. 12f.

derer, die gekommen sind, Kinder, die beim Zubettgehen die Erzählungen der Großeltern hören, haben ein Recht darauf, in ihrem Deutschland gewürdigt zu sehen, was sie zum Lachen oder Weinen gebracht hat, Geschichten der Unterdrückung, von Flucht und Vertreibung, Kolonialherrschaft und postkolonialer Verachtung, Geschichten der Selbstbehauptung und der Freiheit. Was längst gesellschaftliche Wirklichkeit geworden ist, muss auch angemessen in unserer kollektiven Selbstwahrnehmung und unserer Kultur repräsentiert sein.

Ich stimme Habermas allerdings auch in einer weiteren Feststellung zu: Wer Deutscher wird, tritt in das historische Erbe unseres Landes mit seiner Tätergeschichte ein. Für unsere zum Einwanderungsland gewordene Bundesrepublik ist damit eine große Herausforderung formuliert. Navid Kermani hat das im Nachdenken über einen Besuch in Auschwitz eindrücklich beschrieben. Wenn immer weniger Deutsche einen familiären Bezug zum Nationalsozialismus haben, viele gar aus Staaten kommen, die in Feindschaft zu Israel leben, bestehe die schwierige Aufgabe darin, den Menschen zu vermitteln, »Auschwitz nicht nur als Menschheitsverbrechen, sondern als eigene Geschichte zu begreifen«.[10] Diesen Anspruch, davon bin ich fest überzeugt, müssen wir in Zukunft noch deutlicher formulieren: Wer in Deutschland lebt, muss Auschwitz

---

10 Navid Kermani, »Auschwitz morgen, Die Zukunft der Erinnerung«, in: *Frankfurter Allgemeine Zeitung* (7. Juli 2017), S. 9.

kennen und die Verantwortung annehmen, die daraus für unser Land erwächst.

Ein Patriotismus für unsere Zeit muss sich wandeln, so wie unser Land nach 1945 ein anderes geworden ist: Ohne Überheblichkeit und nachdenklich muss er sein. Ein Patriotismus der leisen Töne. Er weiß um die hellen und die dunklen Tage unserer Geschichte und wächst neu aus den Lebenslagen der Menschen, die in unserem Land leben, aus ihren Berichten und Erzählungen, aus ihrem Schmerz und ihrer Hoffnung. Aus der Erfahrung jener, die Zuflucht brauchten und gefunden haben, aus der Erfahrung derer, die durch soziale Härten gegangen sind und sich eine neue Existenz aufgebaut haben, Arbeiter, Handwerker, kleine Unternehmer, der Erfahrung, aus der Einsamkeit in neue Gemeinschaft zu treten, aus der passiven Isolation wieder in Verbundenheit mit anderen zu kommen. Patriotinnen und Patrioten neuen Typs finden wir bei den Engagierten in den Kulturvereinen und Stadtteilinitiativen, in den Kommunen, den Kammern, den Betriebsräten, auf dem Land, in den Nebenstraßen der Städte, in den Vereinen und in den Schulen am Rand, oft dort, wo das Tun und die Hilfe ehrenhalber geschehen. Ich treffe diese Menschen an mittlerweile unzählig gewordenen runden und eckigen Tischen und habe viele Gesichter vor Augen. Manchmal scheue Menschen, die erst nach einer Stunde offen sprechen können, manchmal Leute mit Mundwerk, die jetzt mal was loswerden wollen, sehr oft und immer wieder Menschen, die wissen, wovon sie reden, und die wollen, dass unser Land funktioniert, die es besser machen wollen, als es ist. Diese Gesichter und diese Stimmen sind es, die ein Bild von Deutschland vermitteln, das auch mir Mut macht.

In den Umbrüchen und Aufbrüchen unserer Zeit plädiere ich also für diesen demokratischen Patriotismus. Ich ermutige, sich den Institutionen unserer Demokratie zuzuwenden und sich in ihnen zu beteiligen. Gehen wir neu an die politische Arbeit, unseren Staat besser und wirksamer zu machen, gerade weil er so großen Transformationsaufgaben gerecht werden muss. Lassen wir den Entfremdungen nicht das letzte Wort, sondern wenden wir uns einander zu und übernehmen Verantwortung füreinander. Erkennen und stärken wir alles, was uns verbindet. Öffnen wir die Identität unseres Gemeinwesens für neue Geschichten der Einwanderer, fest verankert in der historischen Verantwortung, die wir als Deutsche gemeinsam tragen.

Es ist gut, »wir« sagen zu können, frei von Hochmut, aber entschlossen und ohne Furcht. Stark durch die Bereitschaft zur Veränderung, wo wir unseren Ansprüchen nicht mehr oder noch nicht genügen. Mit gemeinschaftlicher Freude, wo uns in und mit Europa ein besseres Land gelingt, und mit dem ruhigen Selbstvertrauen, dass auch wir in der Welt ein gutes Land und ein Beispiel sein können.

Ja, wir leben in Zeiten großer Veränderungen und Herausforderungen für unsere Demokratie. Die Zukunft war nie die lineare Fortsetzung gelungener Vergangenheit, sie muss immer wieder neu errungen werden. Aber wir haben gute Erfahrungen gemacht, auf die wir zurückgreifen können. Ängstlichkeit und Kleinmut sind nicht die richtigen Wegbegleiter. Ebenso wenig sind es diejenigen, die Angst vor der Zukunft schüren und daraus politisches Kapital schlagen wollen. Wir können die Anstrengung selbstbewusst und zuversichtlich angehen, im Vertrauen auf uns und in einem Land, das so vieles geleistet hat, den wirtschaftlichen Wiederaufbau, die Auseinandersetzung mit der Vergangenheit, die Selbstbehauptung im Kalten Krieg, die Wiedervereinigung, in einem Land, das Krisen überstanden hat und gestärkt daraus hervorgegangen ist. Uns gemeinsam ist vieles geglückt. Geglückt, weil sich Millionen von Menschen für unser Land, für ihre Mitmenschen eingesetzt haben. Jede Generation stand vor Herausforderungen. Die Menschen haben sie gemeistert, weil sie nicht gegen, sondern für unsere Demokratie gearbeitet haben. Sie haben »wir« gesagt und das gemeinsame Ganze bewahrt. Ich vertraue auf die demokratische Mehrheit, die Deutschland trägt. Unsere freiheitliche Demokratie wird die Jahre der Bewährung bestehen.